E^{ts} ARDOUIN 2009

MŒURS FRANÇAISES.

# NOUVEAUX
# TABLEAUX DE PARIS,

OU

## OBSERVATIONS
SUR LES MŒURS ET USAGES DES PARISIENS
AU COMMENCEMENT DU XIX$^e$ SIÈCLE.

T. II.

DE L'IMPRIMERIE DE PILLET AÎNÉ,
rue des Grands-Augustins, n. 7.

# NOUVEAUX
# TABLEAUX DE PARIS,

OU

## OBSERVATIONS

SUR LES MOEURS ET USAGES DES PARISIENS
AU COMMENCEMENT DU XIX<sup>e</sup> SIÈCLE.

*Faisant suite*

A LA COLLECTION DES MOEURS FRANÇAISES, ANGLAISES,
ITALIENNES, ESPAGNOLES.

*Orné de Gravures et de Vignettes.*

## TOME SECOND.

## A PARIS,

CHEZ PILLET AINÉ, IMPRIMEUR-LIBRAIRE,
ÉDIT. DU VOYAGE AUTOUR DU MONDE,
De la Collection des Mœurs françaises, anglaises, italiennes, etc.,
RUE DES GRANDS-AUGUSTINS, N° 7.

—

1828.

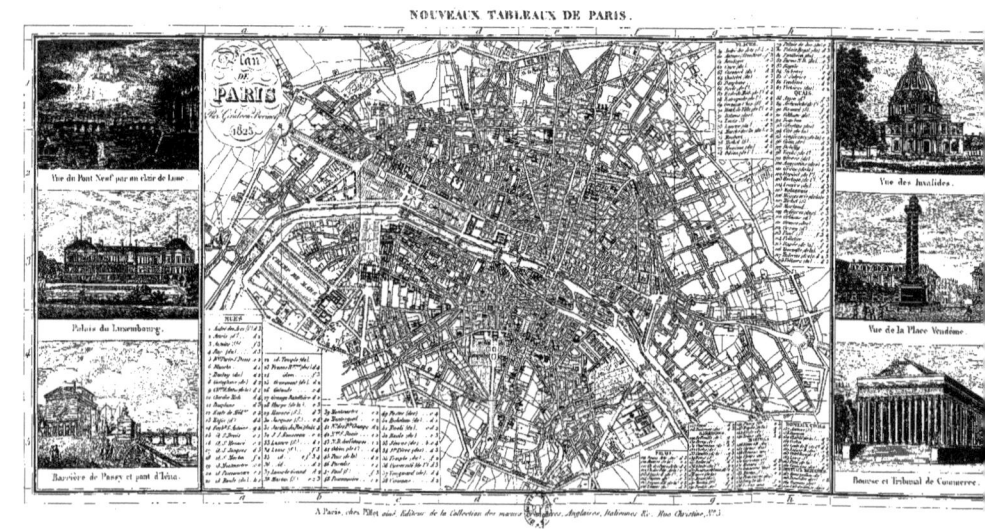

# NOUVEAUX TABLEAUX DE PARIS,

ou

**ESQUISSES PARISIENNES.**

— N° XXV. —

## L'ARRIVÉE DU COUSIN.

> Un amas confus de maisons,
> Des crottes dans toutes les rues,
> Ponts, églises, palais, prisons,
> Boutiques bien ou mal pourvues,
> Maint *poudré* qui n'a pas d'argent,
> Maint homme qui craint le sergent,
> Maint fanfaron qui toujours tremble,
> Pages, laquais, voleurs de nuit,
> Carrosses, chevaux et grand bruit,
> C'est là Paris; que vous en semble ?
>
> Scarron.

Mercier, de bizarre et caustique mémoire, s'avisa, je crois, le premier de faire le portrait de cette grande cité. Or, quand il n'était pas travaillé de cette manie paradoxale sur laquelle il avait fondé sa célébrité, Mercier avait beaucoup d'esprit et de raison. Doué d'un coup d'œil observateur, il saisissait à merveille les ridicules; il dépistait les abus avec une rare facilité. Il fit rire toute la capitale aux dépens d'elle-même, en même tems qu'il conseillait des réformes et signalait des objets d'utilité publique à établir. On lui pardonna ses persifflages et son ton généralement frondeur en faveur des services qu'il rendit. Mais Mercier n'était pas descendu jusqu'à la populace, et Rétif de la Bretonne voulut compléter le tableau. On dit qu'il consacrait une partie de la nuit à parcourir les rues les plus populeuses, qu'il écoutait aux portes et cherchait à jouer un rôle dans les scènes que lui offrait le hasard, afin d'en mieux saisir le caractère; quand il avait fait sa moisson d'anecdotes, il rentrait chez lui, et le lendemain, de bonne heure, il *imprimait* (il était employé dans une imprimerie), il imprimait, dis-je, sans l'avoir écrit, le résultat de ses nocturnes observations. C'est ainsi qu'il *composa les Contemporaines*. Mais ses peintures se ressentaient des lieux où il avait placé son observatoire; elles avaient des localités si repoussantes, une vérité tellement ignoble, que le lecteur le moins délicat rejetait le livre avec dégoût, et Rétif aurait été condamné à une juste obscurité, si, dans son *Paysan perverti*, il n'eût fait preuve d'imagination et de génie, et donné une effrayante leçon de morale.

Personne ne s'était présenté pour recueillir la succession de ces deux peintres. Paris manquait depuis dix ans d'historiographes, lorsqu'il vint des hermites, des rôdeurs, des furets, des flaneurs et des rentiers du Marais pour tracer de nouveau une esquisse plus ou moins fidèle de l'Athènes moderne. Ces messieurs étaient des gens d'esprit qui observaient fort bien et nous rendaient un compte plein de gaîté et de malice de nos mœurs et de nos ridicules. L'anecdote du jour était un canevas sur lequel ils mettaient une broderie légère et gracieuse. Il est probable que, lorsqu'il y avait disette de petits événemens vrais, leur imagination fertile leur en fournissait d'imaginaires, dans lesquels ils plaçaient à volonté les originaux qui leur sautaient aux yeux, et les lecteurs disaient *ben trovato!* Le succès fut complet. Ce serait une témérité malheureuse et surtout un mauvais calcul d'essayer de refaire leurs tableaux, même en les rajeunissant; mais ils ne pouvaient peindre que le présent et n'ont point porté sur l'avenir un regard de propriété. Ils ont saisi la circonstance, et, quelque jolis que soient leurs dessins, ils manqueraient de fidélité, si l'on voulait qu'ils représentassent les scènes actuelles. On retrouve et l'on retrouvera long-tems les rues crottées de Scarron, quoiqu'elles aient été toutes pavées depuis qu'il a écrit. On voit encore tous les jours les *poudrés* dans le sens qu'il donne à ce mot. La manie de tout donner à l'extérieur s'est même perfectionnée dans ce siècle. Paraître est la maladie universelle. Que de gens qui, comme certain philosophe, portent tout avec eux! L'apparence est dans le commencement la fille de la vanité; mais elle devient une spéculation au moment où l'on s'aperçoit qu'elle est la source de la considération et du crédit. C'est un moyen usé qui pourtant est toujours couronné du succès; c'est une fausse monnaie dont chacun se méfie et que tout le monde accepte pour comptant. Il y a bien aussi ceux qui craignent le sergent, les fanfarons, les voleurs de nuit. Ce sont les masses, mais les détails? Quel Epiménide nouveau pourrait reconnaître en se réveillant le Paris de Scarron?

Tout change dans ce bas monde, et surtout chez nous. Notre physionomie est si mobile, que le Paris d'hier n'est presque plus le Paris d'aujourd'hui. Les intérêts et les nouveautés politiques, les combinaisons financières, les progrès des arts, les tentatives de l'industrie, les miracles de la vapeur, tout vient donner chaque jour une autre direction à nos goûts, apporter quelque différence dans nos habitudes. Un grand événement se prépare. L'Océan va nous être amené en triomphe comme un captif qui suit le char du vainqueur. Dieu sait la joie de ceux qui n'auront encore pu faire le voyage obligé de tout honnête Parisien! Croit-on que Paris port de mer devra ressembler au Paris de l'année passée, et que, lorsqu'on pourra s'embarquer à Canton pour mettre pied à terre dans la plaine des Sablons, il ne se fera pas quelques révolutions dans nos idées, il ne se glissera pas dans nos modes quelque singulière invention tartare ou siamoise? L'apparition d'un danseur grotesque a fait succéder aux coiffures à *la Ma-*

*rie Stuart* celles à *la Polichinelle Vampire*, et aux pantalons à *la russe* ceux à *la Jocko*. Les modes, chapitre si curieux de notre histoire, influent plus qu'on ne pense sur les mœurs. Si quelque jolie Chinoise débarquait un jour au pont Royal et que la fantaisie des petits pieds tournât la tête à nos Parisiennes, les magistrats tandis qu'ils nous jugent au Palais, les employés des ministères tandis qu'ils taillent leur plume ou lisent le journal dans leurs bureaux, seraient bien sûrs que leurs femmes resteraient au logis *.

On n'a donc pu produire la capitale que comme elle était et non comme elle est. On peut la repeindre à neuf ; d'autres viendront

---

\* Ceci est la preuve de notre inconstance et du peu de suite que nous donnons à nos projets. Il y a peu de tems que j'écrivais ce paragraphe, et déjà l'on paraît avoir abandonné le dessein d'amener la mer aux portes de Paris. Notre premier mouvement est plein d'enthousiasme, mais nous cessons bien vite de vouloir. Nous posons des premières pierres, de hideuses barrières de planches entourent l'enceinte du monument et gênent la circulation, et souvent, lorsque après bien des années on enlève ces murs temporaires, la place est nue, et le monument s'est évanoui.

après nous qui la représenteront comme elle sera. Malgré la facilité des communications qui multiplie les pélerinages de la province vers la grande cité, il y a beaucoup d'habitans des départemens qui ne sont pas encore venus nous voir, et qui ne viendront peut-être jamais ; ils seront sans doute bien aises de savoir ce que nous faisons, pensons, aimons, etc. : dût notre amour-propre en souffrir, nous ne déguiserons aucune vérité. La fidélité, dont nous nous faisons une loi rigoureuse, nous ordonne de prendre tous les tons. Gais en esquissant nos travers, en traçant un tableau de mœurs dans l'anecdote récente ; graves et respectueux en parlant des choses qui ont droit à notre amour et à notre vénération ; scrupuleux en nous occupant des personnes, nous tâcherons de nous varier comme les sujets que nous traiterons. Il y aura un peu de tout dans notre macédoine ; nous craignons qu'on n'y trouve guère de talent ; mais notre bonne volonté nous sera peut-être comptée pour quelque chose. Adisson ne nous a pas légué sa lorgnette.

Il y avait long-tems que je n'avais entendu parler d'un mien cousin de Limoges, gentilhomme goguenard, qui ne manquait pas d'esprit ; il entendait la plaisanterie autant qu'homme du monde ; mais il était prompt à la réplique, et, lorsqu'on lui demandait des nouvelles de M. de Pourceaugnac, il mettait tant de grâce et d'à-propos dans sa réponse, que les rieurs étaient pour lui. Il m'écrivit enfin, et m'annonça qu'il quittait la capitale du Limousin pour celle de toute la France, et qu'y venant pour la première fois, il avait compté sur moi pour être son *cicerone*. Cette proposition n'avait pas laissé que de m'inquiéter : on sait que les Parisiens sont ceux qui connaissent le moins la ville qui les a vus naître. Les affaires ou les plaisirs s'emparent de nos journées ; les distances s'augmentent tous les jours, et l'on remet sans cesse au lendemain. J'avoue, à ma honte, qu'il n'y a qu'un mois que j'ai vu la manufacture des Gobelins pour la première fois, et qu'il y avait dix-sept ans que je formais tout les matins le projet de la visiter. Autre embarras : le cousin devait descendre chez moi. En province, on habite une maison tout entière ; il s'imaginait sans doute qu'il en était de même ici. Peut-être, ayant appris que l'on bâtissait de tous les côtés, il pouvait croire que les loyers devaient être moins chers ; conjecture assez raisonnable, mais dont mon propriétaire m'avait démontré la fausseté, en augmentant d'un tiers le prix de mon petit appartement. Il est vrai qu'il y avait mis beaucoup d'obligeance, et qu'il m'avait offert de déménager à l'instant, si ses propositions ne me convenaient pas. Mais, quoi ! l'on se gêne pour sa famille, et j'avais fait mettre un lit dans mon salon.

J'étais allé au devant de mon parent jusqu'à la barrière d'Enfer, et depuis une demi-heure, à chaque voiture publique qui arrivait, je m'élevais sur la pointe des pieds, et je plongeais mes regards dans l'intérieur, pour découvrir la face rubiconde du cousin. Une grosse marchande, qui vendait aux soldats du poste les fruits étalés sur son éventaire, s'avisa de me demander ce que j'attendais, et m'apprit que la diligence de Limoges n'était pas prête à venir, et que je pouvais ménager encore une heure le bout de mes escarpins. Je remerciai la Pomone du quartier de l'Observatoire, et j'essayai une petite promenade *extrà muros*.

Je suivais le chemin de ronde à droite, en

sortant de la barrière, lorsque j'aperçus de loin, sur le boulevart du Mont-Parnasse, une de ces voitures que M. le vicomte \*\*\* appellerait la diligence de l'autre monde, ou la malle-poste du grand voyage ; mais que moi, qui n'ai pas l'esprit d'être romantique, je nomme tout bonnement un corbillard. Le convoi quitta le boulevart, traversa la plaine qui est entre la barrière Mont-Parnasse et celle d'Enfer, et se dirigea vers le cimetière ouvert depuis peu au midi de Paris ; la première voiture de deuil était remplie de prêtres ; trois autres suivaient ; j'aurais bien voulu savoir si c'était un enterrement de première ou de seconde classe ; j'avais également envie d'apprendre qui était le défunt. Au milieu de Paris, je n'aurais pas pensé à faire la moindre question ; là, ne sachant que faire, je résolus de m'en informer ; rien n'est plus curieux que l'oisiveté. Je m'adressai à un homme qui était assis sur une borne à la porte du champ du repos, et que je jugeai devoir être un domestique. Il me dit que c'était un milord catholique, qui avait eu toute sa vie le malheur d'être millionnaire et le désagrément de s'ennuyer de tout. Il s'était ennuyé de l'Inde et des Bayadères, de l'Italie et des cantatrices ; il venait de s'ennuyer du grand Opéra et des danseuses....., et, depuis hier, grâce à une attaque d'apoplexie foudroyante, il ne s'ennuyait plus du tout. Mon narrateur finit en me disant que ce petit événement lui faisait perdre un maître, et il me pria de le recommander à mes connaissances. « Eh quoi ! m'écriai-je, le défunt était votre maître et vous ne paraissez pas affligé ! — Monsieur, me répondit-il, je suis un domestique de louage. Milord me donnait cinq francs par jour pour le conduire dans Paris. Aujourd'hui l'on ne m'a rien donné de plus pour pleurer. »

Il finissait à peine, lorsque j'entendis de deux côtés des chants dont le contraste me scandalisa. Ici les ministres des autels entonnaient le psaume du roi-prophète ; là, à deux pas, des ouvriers chantaient à plein gosier des refrains bachiques. Je ne pouvais en croire mes oreilles ; je m'avançai et vis plusieurs guinguettes, dont la première avait pour enseigne : *Au bon coin du cimetière, Rousseau, marchand de vin, traiteur, fait noces et festins.* Qui ne serait pas choqué comme moi d'un voisinage aussi inconvenant ! comment a-t-on pu rapprocher, dans un si petit espace, ce que la religion a de plus solennel et ce que la folie a de plus bruyant? Eh quoi! les chants sacrés peuvent à chaque instant être interrompus par les acclamations grivoises d'une orgie! L'on peut entendre d'un côté le *de profundis* et de l'autre le début de la fameuse chanson de maître Adam! C'eût été à merveille dans le bon tems où les églises étaient fermées, où l'on mettait sur le cerceuil un drap mortuaire aux trois couleurs; enfin où, à la place d'un prêtre, le défunt était accompagné d'un commissaire en carmagnole et en bonnet rouge.

Je soupçonnai que l'autorité ignorait ces détails, et je me proposai de l'en instruire, dût mon avertissement charitable dormir pendant des années dans les cartons d'un commis insouciant qui trouve que tout va à merveille lorsqu'il reçoit régulièrement ses appointemens.

Ma mauvaise humeur ne m'empêcha pas de tirer ma montre, et je revins à la barrière. Il était tems; la diligence y était, le conducteur parlait aux commis, et une tête limousine, penchée hors de la portière, me souriait de la manière la plus amicale.

— Nº XXVI. —

# RÉJOUISSANCES PUBLIQUES.

> Plaisir sans bruit convient à mes manières,
> Et j'ai grand' peur des gaîtés populaires.
> HODZE.

Il avait donc la tête à la portière. Bientôt il y passa le bras et me tendit la main. Pour lui donner la mienne, il fallut encore me dresser sur la pointe des pieds; car la nature m'a donné la taille d'Alexandre. Il est flatteur sans doute d'avoir quelque chose d'un grand homme; mais j'aurais voulu qu'on me gratifiât d'un autre point de ressemblance. Jadis, quand on était debout au parterre de nos théâtres, mes oreilles seules pouvaient participer au plaisir de la représentation, et je n'assistais jamais aux ballets. Quand on tire un feu d'artifice devant le bon peuple, je ne vois guère que les chandelles romaines, et lorsqu'on transportait à Saint-Denis la dépouille mortelle de Louis XVIII, à travers les larmes qui roulaient dans mes yeux, je ne pus apercevoir que les panaches des coursiers et les belles figures allégoriques qui surmontaient le sarcophage du bon Roi. « Bonjour, mon cher Glatignac (c'est le nom du cousin). — Mille bonjours, mon ami. C'est bien aimable à toi d'être venu jusqu'ici. — Comment se portent la cousine et les quatre enfans ? — Six, mon cher ; il y a eu deux jumeaux cette année.» Pendant ce petit colloque, le postillon détournait la voiture, qui obstruait l'entrée de la barrière. Glatignac me tenait fortement la main, de sorte que, forcé de suivre la diligence, je répondais en sautillant au voyageur de Limoges. Je proposai au conducteur de descendre les effets du cousin. Mon intention était de prendre un fiacre qui était près de là. Tous les voyageurs se mirent à gronder. Le commis qui montait sur la diligence, pour aller au bureau examiner les malles et les sacs de nuit, s'y opposa. Je voulais arriver en même tems que Glatignac, et j'obtins, moyennant un pour-boire, une place dans la galerie qui couronne l'édifice roulant. Ce que voyant, le cousin fit galamment les choses. Il quitta sa place d'intérieur et se hissa jusqu'auprès de moi. C'est ainsi que nous fîmes notre entrée triomphale dans la capitale du royaume des Francs. Notre course n'était pas rapide ; il y avait ce jour-là beaucoup d'embarras, ce qui permettait à Glatignac de regarder avec avidité les premières maisons de Paris, que, par parenthèse, il ne trouvait pas belles. Tout à coup il haussa les épaules, mouvement peu révérencieux pour notre cité. « Vois, me dit-il, ces ignobles enseignes où l'orthographe est aussi outragée que le bon goût; lis : *Aux randez vous du ju du bois tortus;* et celle-ci, où le génie de l'invention ne saurait aller plus loin : *Martin, marchand fairailleueure!* Les étrangers qui connaissent notre langue l'ont apprise par principes, et la possèdent mieux que la plupart des naturels du pays. Quelle idée veux-tu qu'ils prennent de votre force grammaticale, si, en entrant dans la ville des sciences et des arts, leurs yeux sont choqués par des mots aussi barbares? Ne devrait-on pas établir un censeur pour tout ce qu'on fait lire au public? Moi, je choisirais pour cet office un ou deux académiciens, parmi ceux qui savent l'orthographe, et je leur donnerais droit de vie et de mort sur l'alphabet des enseignes. A ma première audience, j'en parlerai au ministre de l'intérieur. — Je ne doute pas, mon cher Glatignac, que tu n'obtiennes cette grande réforme. Molière, en 1661, en parla dans une de ses comédies. En 1810, on eut quelque velléité de s'en occuper; nous sommes en 1827.... On attendait sans doute ton arrivée ici. — Seraient-ce là vos fiacres, me demanda le cousin, en voyant une longue file de voitures dont les maigres haridelles

> L'œil morne maintenant, et la tête baissée,

regrettaient peut-être l'orgueil de leur jeunesse, et attendaient en toussant que les affaires ou le caprice du premier venu leur fissent traîner d'un bout à l'autre de Paris leur lourde et cahotante machine? Fi! les vilaines voitures! A Lyon, à Nantes, à Bordeaux surtout, elles sont plus élégantes et beaucoup plus propres, et les chevaux ont quelques vingt ans de moins; votre population ne vaut donc pas la peine qu'on s'occupe d'elle?... Voilà sans doute les cochers, ou plutôt les bourreaux de ces vieux quadrupèdes. Ne leur vois-je pas un uniforme? Comment, du drap *gris tendre* à des hommes que leur état expose journellement à toutes les intempéries des saisons! J'en parlerai à M. le préfet de police. — Diable! ton arrivée doit faire époque! — Ennemi des abus, mon cher, adorant le Roi et son auguste famille, mais toujours prêt à dire de bonnes vérités au gouvernement. Tel que tu me vois, je suis furieux. Tu sais que je quittai la France à la suite de nos princes chéris; rentré quelques années avant eux, je vis qu'il ne me restait que ce que François I$^{er}$ n'avait pas perdu à la bataille de Pavie. Je tiens beaucoup à ma naissance; mais, persuadé que le souverain qui ennoblit mes aïeux n'ordonna pas que le gentilhomme, leur petit-fils, mourût de faim, j'établis une manufacture. Elle prospéra. *Fabricando fit faber* : un jour je m'éveillai avec l'idée d'une machine nouvelle assez ingénieuse et très-économique. Elle alla à merveille. J'écrivis au ministre, qui eut la bonté de m'envoyer un brevet d'invention; et moi, par reconnaissance, je lui fis passer la somme d'usage. Or, un industriel, mon voisin, examina ma machine, y ajouta une chose inutile, nuisible même, et obtint un brevet de perfectionnement. *Sic vos non vobis;* c'est comme si je n'avais rien inventé, le charlatan me ruinera. — Fort bien, lui dis-je ; j'approuve ta colère ; mais ne pourrait-on pas remédier au mal dont tu te plains? Au lieu d'accorder à l'inventeur d'un procédé nouveau le droit exclusif de l'exploiter, ne vaudrait-il pas mieux que l'Etat lui accordât une récompense honorable, et que son invention fît aussitôt partie du domaine public? Cela serait, je crois, plus convenable à la liberté du commerce. — Bah! l'état ne serait pas assez riche pour acheter tout ce que l'on invente aujourd'hui. Non, non : *suum cuique.* La loi est défectueuse.... à la première session, j'en parlerai aux députés de mon département. »

Nous passâmes devant la maison des Sourds-Muets ; je la fis remarquer à Glatignac. « Gloire immortelle à l'abbé de l'Epée! s'écria-t-il, la Grèce lui aurait élevé des temples. » Je lui parlai de ses successeurs. « Sans doute, dit le cousin, ce sont des gens de bien, fort utiles, fort estimables, qui exploitent, au profit de l'humanité et au leur, une découverte impérissable ; mais cela ressemble encore aux brevets de perfectionnement. Honneur à l'inventeur! gloire immortelle à l'abbé de l'Epée! »

Nous descendîmes plusieurs rues, que Glatignac trouvait étroites et sales; il ne fit pas même grâce à la rue Dauphine. Il avait une si grande idée de la capitale, qu'il était tout étonné de ne pas la voir plus belle que certaines villes de province. Son enthousiasme trompé le rendait injuste, et il répétait avec aigreur que Lutèce avait été bien nommée, puisque ce mot vient de *lutum*, qui signifie boue. Mais, quand nous fûmes sur le Pont-Neuf, l'aspect de ces beaux quais, de ces ponts nombreux et de ce Louvre magnifique, le ravit d'admiration. La diligence allait au pas, et nous étions aux premières loges pour jouir de ce spectacle imposant. « Ce n'est qu'à présent que je me crois à Paris, » dit-il; et il ôta sa casquette devant la statue de Henri IV.

Nous parvînmes enfin jusqu'à ma porte, et je montai d'abord pour lui indiquer le chemin. Au premier, il dit : « Ah! ce n'est pas là! » au second, il lui échappa le mot *encore!* au troisième, il s'écria : « Je n'en puis plus! » au quatrième : « Je suis mort! » et au cinquième, il s'assit sur une marche. « C'est ici, cher cousin. — C'est bien heureux! — Oh! nous pourrions monter encore :

la maison a sept étages, sans compter les chambres auxquelles Mansard a donné son nom. — Vous n'avez donc pas de goutteux à Paris? Ma foi, vive la province! nous n'allons pas chercher notre lit si haut. »

Après qu'un déjeuner confortable, que ma vieille Geneviève avait préparé de son mieux, eut restauré les forces du cousin, il se mit à sa toilette. « C'est aujourd'hui, dit-il, qu'on célèbre la fête du Roi, je n'ai pas le tems d'être fatigué. Tu me mèneras partout; j'aime les joies populaires, j'aime à voir ces tableaux naïfs, ces scènes animées, cette franche gaîté. Aucuns boiront peut-être un peu trop souvent à la santé du monarque; mais la vérité est, dit-on, dans le vin. Je veux écouter leur ivresse; j'entendrai sans doute des choses piquantes. »

Arrivé à la place Louis XV, il fut émerveillé de la majesté des édifices dont elle est ornée. Il voulut la parcourir dans tous les sens, et jouir de tous ses points de vue. Il ne se lassait pas d'admirer les palais et les maisons élégantes semés sur la rive gauche du fleuve. On dirait en effet que ce sont les temples des anciens, et cela donne à cette belle partie de la capitale une physionomie grecque, comme celle des paysages historiques. C'est par là que les étrangers devraient entrer pour la première fois dans Paris.

Mais, au milieu de tous ces monumens, mon compagnon en cherchait un d'un œil religieux. « Eh quoi, s'écria-t-il, la reconnaissance nationale se hâte de consacrer à la postérité les traits des victimes de l'honneur ; il y a pour elles des souscriptions, des marbres, des statuaires, et la plus noble, la plus auguste de toutes n'obtient de nous que de stériles respects et des regrets sans traces ! La France ne devrait-elle pas s'empresser de désavouer, aux regards des hommes qui viendront après nous, un crime qui ne fut pas le sien ! N'a-t-on su imiter que le forfait ? En attendant que l'église, dans sa sage lenteur, se détermine à placer cette image sainte au-dessus de nos autels, pourquoi n'élevons-nous pas un monument au plus infortuné des monarques ? Venons pleurer en ces lieux notre père immolé ; dans nos temples, plus tard, nous invoquerons le martyr. Charles Ier revit dans l'enceinte témoin de son trépas.—Es-tu aveugle, cousin, et ne vois-tu pas ces planches ? — Quoi ! ce serait.... ah ! vous en êtes encore à la première pierre au bout de trente-cinq ans ! »

J'applaudis aux généreux sentimens du cousin ; mais je lui fis observer que ses réflexions, toutes françaises qu'elles étaient, contrastaient un peu trop avec les réjouissances publiques dont il désirait être témoin, et nous nous plongeâmes dans la foule. Glatignac, étant grand et fort, me prit sous sa protection ; mais ne put m'empêcher de sentir sur ma poitrine les coudes anguleux des gens qui voulaient se faire place. Vingt fois, près d'étouffer, je criai merci ; le bruit et les cris de mes voisins avaient couvert ma faible voix, et l'intrépide cousin avançait toujours en me traînant à sa suite. Il fit tant que nous parvînmes assez près de l'une de ces petites tours carrées du haut desquelles on jette des comestibles au peuple. C'était le moment de la distribution ; le vin commença à couler ; toutes les cruches, tous les pots furent en l'air ; on courait à l'assaut. Les plus vigoureux écartèrent avec violence leurs camarades ; d'autres montèrent sur des épaules complaisantes pour se hisser jusqu'à la bachique fontaine d'où s'échappait la liqueur. Là se distribuaient maints horions et plus d'une gourmade ? Croira-t-on que des femmes figuraient dans ces luttes dangereuses ? Voilà le tableau dont Glatignac me rendait compte; car, vu ma petitesse, enseveli dans les flots des spectateurs, je ne voyais que les pains, les gigots et les saucissons qui volaient au-dessus de ma tête; mais en revanche j'entendais les douces expressions et les gracieuses épithètes des assaillans. Cependant un nouveau mouvement se fit dans la foule; nous faillîmes d'être culbutés. On nous écrasa les pieds. Un des vainqueurs, qui revenait avec une cruche pleine, cédant à une inclination involontaire, répandit sur moi toute la liqueur rouge, tandis qu'un jambon, *lancé d'une main sûre*, vint donner à Glatignac un des plus vigoureux soufflets qui aient été appliqués depuis la création. Nous songeâmes à une retraite que nous effectuâmes avec des peines infinies et en abandonnant quelques lambeaux de nos vêtemens. « Eh bien! cousin, lui dis-je, comment trouvez-vous les joies populaires, les scènes animées et les tableaux naïfs ? — Ah! me répondit-il, comment autorise-t-on une pareille cohue, et presque sous les yeux d'un prince que le goût, la grâce et la politesse française prendront toujours pour modèle ! A qui jette-t-on ces vivres, comme à de vils animaux? Le vieillard indigent, la pauvre mère de famille ne sauraient obtenir, dans ces largesses, une part que leur faiblesse ne leur permet pas de disputer aux athlètes de la populace. Ces scènes scandaleuses ne sont pas en harmonie avec les idées d'ordre et de décence publique qui sont rentrées en France avec les Bourbons. M'objectera-t-on les traditions? Eh! depuis quand est-il défendu de modifier des usages où l'expérience a signalé quelque vice ou quelque ridicule? Nos pères, si sages d'ailleurs, étaient-ils infaillibles, et le tems n'amène-t-il pas le besoin de quelques légers changemens? Les théâtres ouverts au peuple, qui a des sensations neuves pour un plaisir dont il n'a pas l'habitude, et qui s'unit de cœur aux éloges délicats dont les pièces de circonstance sont semées; les acclamations dont la multitude salue la famille bien aimée qui daigne paraître au balcon du Louvre, et les bénédictions du pauvre à qui l'on apporte avec mystère un bienfait auguste qu'il n'avait pas sollicité, voilà toute la fête d'un bon Roi; c'est aussi la fête de la nation. »

## LE PALAIS-ROYAL.

— N° XXVII. —

# LE PALAIS-ROYAL.

> Flamand, Provençal,
> Turc, Africain, Chinois, sauvage,
> Au moindre signal
> Tout se trouve au Palais-Royal.
> Bref, séjour banal
> Du grand, du sot, du fou, du sage,
> Le Palais-Royal
> Est le rendez-vous général.
> Désaugiers.

Le cousin avait donc été atteint à la joue par un comestible lancé avec force. Ce soufflet eut les mêmes suites que celui de M. de Pourceaugnac; mon parent eut la tête enflée. Jadis la lancette inhumaine aurait donné passage à ce fluide rouge si nécessaire à la vie. La mode l'a remplacée par ces vers aquatiques qui peuplent les bords de nos ruisseaux; on en fit une espèce de collier au pauvre cousin. Quinze jours n'étaient pas de trop pour sa guérison. Le ciel, au bout de ce tems, prit pitié du malencontreux Limousin, qui recouvra la santé en dépit des médecins et des sangsues. Il se rappela qu'on lui avait donné une commission pour le Palais-Royal, et nous y entrâmes par la rue de Valois. Glatignac, à qui l'on avait dit que ce lieu était une des merveilles de l'Europe, fit la grimace en parcourant les laides et étroites galeries de bois, où circulent tout le jour quelques acheteurs et tant d'oisifs. Ce n'est pas, dis-je au cousin, la seule disparate que tu remarqueras dans Paris ; il semble qu'ici l'on ait peur de la perfection ; nous n'avons guère de bel édifice près duquel on ne trouve quelque échoppe. La misère se montre côte à côte avec le luxe, et les bicoques déshonorent les palais. La capitale ressemble à une femme peu attentive à sa toilette, dont la tête serait étincelante de diamans, dont les épaules seraient couvertes des plus riches tissus de l'Inde, et dont le reste de l'habillement n'offrirait que des étoffes flétries, que des lambeaux attachés en désordre. Rassure-toi pourtant, du moins pour les lieux habités par un prince du sang. Bientôt ces fragiles constructions feront place à d'élégantes ar-

cades que doit surmonter une terrasse majes-
tueuse. On n'attend que la fin des baux consentis
à d'honnêtes marchands.

Après avoir donné un coup d'œil à chacun de
ces magasins de modes où l'on trouve des chapeaux et des marchandes d'un genre si comique,
il fallut bien montrer à Glatignac cette colonne
élevée par un libraire à la gloire de nos poètes
modernes, ou plutôt de ceux dont le fondateur
du Panthéon en bois blanc avait acheté les manuscrits, et qui étaient devenus immortels depuis
qu'il vendait leurs ouvrages. Déjà le Limousin
brutal murmurait le mot charlatanisme. Pour
détruire cette injuste idée, je le fis entrer dans le
nouveau temple de mémoire, et lui fis présent
d'un de ces jolis volumes exposés avec tant d'a-
dresse à l'admiration des passans. A l'aspect du
frontispice, il crut que je lui avais donné un ouvrage sur l'architecture, et que les colonnes,
les chapiteaux et les ogives qui frappaient ses
regards, étaient un avant-goût des planches qu'il
trouverait dans le livre. Il eut quelque peine à
déchiffrer les lettres gothiques qui composaient
le titre, et parvint à deviner qu'il s'agissait d'un
poëme.... épique. En tournant ces feuillets sa-

tinés et en voyant tant de pages blanches, il resta ébahi et poussa presque autant de cris qu'il y avait de points d'exclamation dans le chef-d'œuvre romantique du poète.

Les galeries de pierre devinrent bientôt l'objet de notre attention. Je fis remarquer à mon compagnon, qui voulait mettre les enseignes sous la surveillance de l'Académie, le fameux tableau sur lequel on lit : *au Nœud gordien*, et au bas duquel se trouvent quatre vers pleins d'érudition et d'élégance. Nous visitâmes successivement M. Palmer et ses marchandises anglaises, M. Alexandre et ses cachemires, M. Laurençot et ses charmans ouvrages de tabletterie, M. Pradier, le moins cher et non pas le moins habile de nos couteliers, et enfin M. Aubril, ce savant coiffeur qui a inventé le *philocôme*, et qui donne à ses abonnés des *médailles* au lieu de cachets.

Glatignac cherchait un tailleur pour se faire faire un uniforme de magistrat. « De magistrat, cousin? — Oui, je suis maire d'une petite commune à trois lieues de Limoges. — Et il te faut un costume? — Sans doute. Mon imbécille d'adjoint, qui est l'épicier de l'endroit, n'a-t-il pas eu l'insolence de porter un habit dont la broderie est celle que l'ordonnance assigne au maire d'une bonne ville. Tu vois bien que je suis obligé de soutenir mes droits, ne fût-ce que pour lui faire diminuer son galon de six lignes. » Je le conduisis à cette grande boutique où tant d'uniformes dorés éblouissent les regards, où vingt ouvriers, assis à la turque et les bras toujours en mouvement, confectionnent en quelques heures des vêtemens pour tous les âges et pour toutes les conditions. Un monsieur, dont la titus était bouclée avec soin et dont le costume élégant était copié sur la dernière gravure du *Journal des Modes*, se promenait dans le magasin. « Ou je me trompe fort, dit Glatignac, ou voilà aussi un fonctionnaire public. — Oui; il a de fréquens rapports avec le public. — Il vient sans doute commander son uniforme? — Non, il va prendre des mesures. — Des mesures! et pour.... — Pour toi, si tu veux. — Quoi! c'est le tailleur! partons : son élégance et ses ciseaux me font peur. »

En passant devant tant de brillans cafés où l'on dîne, Glatignac me demanda des renseignemens sur quelques-uns dont les noms lui avaient été cités dans sa province. « Celui-ci, lui répondis-je, est cher aux royalistes : c'est le café Valois. De vieux serviteurs des Bourbons, de jeunes militaires se réunissent là chaque soir. Un brave chevalier de Saint-Louis, qui publia il y a trente ans son agonie, et dont la mort a, Dieu merci, respecté les cheveux blancs, fait du café Valois le lieu des séances d'une société dont il est le président. Une mouche énorme, piquée sur son gilet, est l'insigne de sa dignité. Tous les sociétaires prennent le titre de *gobe-mouches*, et chaque jour ils se montrent plus dignes de leur dénomination. Ce sont des gens qui sacrifieraient leur fortune et leur vie, comme Blondel, *sans espoir de récompense;* qui défendraient au besoin le monarque malgré lui; enfin ce sont des incorrigibles comme les Suisses du 10 août,

» Nous voici devant le café Lemblin. Les liqueurs y sont excellentes, mais elles montent un peu trop à la tête; le café y est exquis. On ne prend pas de glaces ici, mais on y a cassé quelquefois les vîtres. Tu vois le café de la Rotonde. C'est là que, des quatre points cardinaux de la capitale, l'on se donne rendez-vous; là qu'on est à peu près sûr de rencontrer, le lendemain de son arrivée, un ami que l'on croyait à deux cents lieues. Les glaces dont nous parlions tout-à-l'heure ont joué l'été dernier un mauvais tour au maître de cet établissement. Aucuns se crurent empoisonnés. La faculté leur soutint que cela n'était pas possible ; mais quelques entêtés ont ajouté plus de foi à leur estomac qu'à l'infaillibilité des enfans d'Esculape. Espérons que cette année la faculté aura raison. Tu es maintenant en face d'un lieu trois et quatre fois célèbre. Ce fut le théâtre *Montansier*, c'était le café *Montansier*, c'est le café de *la Paix*. Là jadis Thalie, couvrant d'un masque populaire sa jolie figure de Muse, crayonnait les mœurs de la petite propriété, ne dédaignait pas de mettre dans ses tableaux une vérité triviale, et provoquait chaque soir le rire inextinguible de la grosse gaîté. Là brillèrent les *Pointus* et les *Jocrisses*, sous les traits de Volange et de Brunet; mais cette enceinte, qui si souvent avait retenti des joyeux refrains de maître Adam, devint l'écho des hurlemens féroces de misérables vagabonds. Un club dégoûtant y fut organisé dans les tristes cent jours. Un buste fut inauguré, et les prêtres de cette autre divinité, après avoir chanté des hymnes devant l'idole, l'arrosaient des liqueurs fortes dont ils s'enivraient en son honneur. Croira-t-on qu'il s'est trouvé une plume pour célébrer de pareilles orgies! Aujourd'hui d'ignobles farceurs, échappés des traiteaux du boulevart, représentent des fragmens de pièce devant des auditeurs qui boivent la modeste bouteille de bierre.

» Tu es près du café de Foy. Il est toujours digne de sa réputation. Tous les soirs, vers onze heures, on est sûr d'y trouver un de nos plus aimables artistes, qui peint les chevaux et fait des calembourgs avec une supériorité presque égale. Son nom ne périra jamais ; chaque génération qui se succède dans cette famille y ajoute un nouvel éclat. »

J'engageai Glatignac à traverser le jardin. « Evitons, lui dis-je, de passer sous les fenêtres de cette maison de jeu. — Eh! pourquoi? — C'est qu'il tombe parfois de là... — Quoi? des cartes, des dés? — Non : des joueurs. — Tu plaisantes ? — J'ai vu tomber à mes pieds un des malheureux habitués de ce repaire ; je parierais que c'était le plus honnête de tous. — Et l'on autorise de pareils établissemens? — Cousin, je te conseille d'en parler au ministre à ta première audience. »

Le provincial fut très-content des parterres et de l'arrangement des corbeilles de fleurs, ainsi que de la fraîcheur des gazons. L'Apollon vert n'excita pas son enthousiasme ; mais il le trouva singulièrement placé. « On croirait, me dit-il, qu'il veut faire un acte de bravoure en défiant le canon que ses rayons font partir à midi. — Il me semble, lui répondis-je, qu'il est là très-convenablement. Il tourne le dos à la Bourse et fait face au Pont-des-Arts ; il a l'air de se diriger vers l'Institut. Il est probable qu'il n'y arrivera pas. Qu'irait-il faire à l'Académie ? Je doute qu'il y fût en pays de connaissance, et il serait forcé d'avoir l'impolitesse de demander le nom d'une foule de gens dont il n'a jamais entendu parler. »

Je proposai à Glatignac d'aller voir la Bourse, maison de jeu bien plus vaste et aussi fatale que les autres. « Viens, lui dis-je, et quittons ce Palais-Royal où le vice présente ses plus dangereuses amorces et l'industrie ses plus brillantes merveilles ; où un honnête homme peut passer sa journée ; où des fripons passent leur vie ; où la jeunesse trouve un piége pour tous les sens, l'épicurien, toutes les délices de la gastronomie ; mais où enfin l'inexpérience peut laisser santé, fortune et honneur. Nous voici au Perron. — Oh! le Perron! on m'a parlé de cela. C'est là qu'on agiotait jadis. — On agiote plus que jamais ; mais le rendez-vous est changé. Maintenant le Perron est l'endroit de Paris le plus sûr pour manger des petits pâtés..... et se faire écraser par des cabriolets. »

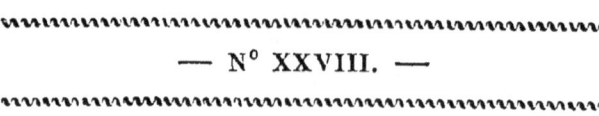

## LA BOURSE,

LE TRIBUNAL DE COMMERCE.

---

*Auri sacra fames.*

. . . . . Corsaires à corsaires,
L'un l'autre s'attaquant, ne font pas leurs affaires.
Régnier, *Sat. XIII.*

Il est souvent difficile à un piéton de saisir le moment favorable pour entrer du Perron dans la rue Vivienne au milieu des voitures, charrettes et cabriolets qui courent dans la rue Neuve-des-Petits-Champs, ou se détournent à droite et à gauche dans une autre direction. Il faut avoir l'œil et le pied parisiens; car j'ai vu plusieurs fois des provinciaux, après avoir attendu près d'un quart-d'heure, s'avancer timidement jusqu'auprès du ruisseau, être forcés de revenir à leur place, et faire ainsi plusieurs voyages avant de parvenir sains et saufs de l'autre côté. C'est bien pis encore pendant un orage. Les parapluies vous masquent le chemin ou vous éborgnent. Il vous faut hausser ou baisser le vôtre, selon la taille des passans. C'est une mêlée qui exige autant d'adresse que d'habitude, et je suis étonné que, dans un tems où l'on fait argent de tout, où tant de professeurs affichent sur nos murs des leçons à tout prix, il ne se soit pas encore établi un cours pour enseigner l'art de voyager à pied dans les rues de la capitale. Il semble, d'ailleurs, que la population n'a jamais été si considérable, soit que la capitale, rendez-vous du monde, attire un grand nombre de gens qui viennent tenter la fortune, soit que douze ans de paix aient multiplié les naturels du pays ; jamais on n'a été tant coudoyé, heurté, éclaboussé. La foule est partout. Jadis la politesse française rendait les rencontres moins brusques ; aujourd'hui il y a dans les manières une sorte de rudesse républicaine, un égoïsme grossier qui sème de beaucoup d'inconvéniens votre passage ou votre séjour dans les lieux publics. Vingt fois le cousin de Limoges avait été sur le point de se quereller avec ceux qui, passant hardiment entre nous deux, l'avaient forcé de quitter mon bras, ou dont le parapluie étendu avait effleuré sa joue, et fait chanceler son chapeau. J'avais calmé sa vivacité méridionale en attirant son attention vers ces élégans magasins de modes où les chapeaux sont presque aussi jolis que les marchandes. Il se rappela que madame Glatignac lui avait donné quelques commissions dans ce genre; et, sa note à la main, il se disposait à entrer dans une boutique. Je l'arrêtai, en lui promettant de le mener chez mademoiselle Céliane. C'est là, lui dis-je, que le goût, la grâce et la richesse se sont donné rendez-vous, là que tu trouveras la mode qui vient de naître et même celle dont on a le projet; et, dans quelques jours, madame Glatignac pourra montrer à la soirée du préfet ou du premier président un chapeau dont le pareil n'aura encore été porté que par mademoiselle Mars.

Arrivé à la porte de l'orfèvre Franchet, mon cousin fut en extase. Il allait faire entre le prix des bijoux et le luxe incroyable du magasin certains rapprochemens malicieux, lorsque je lui fis faire quelques pas, et il se trouva devant le palais de Mercure, vulgairement appelé tribunal de commerce et la Bourse. Il manifesta son admiration par une longue série d'exclamations; aucun moderne monument ne lui avait paru si beau. Nous parvînmes à en faire le tour, malgré les pierres dont il est environné. Glatignac montait sur les plus élevées pour jouir d'un coup d'œil sans obstacle. Je ne lui avais jamais vu un semblable enthousiasme, et je croyais que pour la première fois de sa vie il allait admirer sans restriction, lorsque deux plis verticaux parurent entre ses noirs sourcils, qui étaient sensiblement rapprochés. En suivant la direction de ses regards, mon œil arriva jusqu'à ces longs tubes de tôle qui s'élèvent au dessus de l'édifice. « Voudrais-tu par hasard, dis-je au cousin, que pendant l'hiver les agens de change et les négocians eussent le nez rouge et les doigts glacés comme les pauvres lecteurs à la Bibliothèque du Roi? — Eh parbleu! qu'on se chauffe tant qu'on voudra; mais ceci a une forme antique et ressemble à un temple grec; or, je doute fort que les architectes d'Athènes ou de Corinthe aient jamais mis des cheminées ou des tuyaux de poêle au dessus de leurs édifices. Transportons dans nos climats des modèles d'architecture qui n'ont pas été inventés pour nous, mais ne les défigurons pas selon nos besoins, et soyons assez ingénieux pour dissimuler ce que la différence de température exige de nous. N'est-ce pas d'ailleurs choquer toutes les règles du bon sens et de la raison, que de donner la forme d'un temple de Jupiter à un édifice consacré au marché des fonds publics et des changes étrangers? Ce n'est pas ainsi que sont construites les bourses de Londres et d'Amsterdam. Ce luxe de colonnades est ici tout au moins déplacé, et, lorsque dans quelques mille ans les antiquaires feront des fouilles pour découvrir les monumens de l'antique Paris, je crois que l'archéologue le plus fin aura de la peine à deviner la destination de celui-ci. »

Nous entrâmes : « Tu vois, dis-je à mon provincial, le tribunal qui, bon an, mal an, prononce sur un millier de faillites. Bientôt cette enceinte va retentir de la voix des orateurs industriels. Le mot orateur est ici de pure politesse ; car l'éloquence ne trouverait ici ni organe, ni oreilles. Ce serait d'ailleurs du luxe et je ne sais ce qu'elle viendrait faire au milieu des *usances* de *la cochenille* et des *syndics*. Là vont s'asseoir les juges; ces respectables négocians, qui sont magistrats à peu près comme les gardes nationaux sont militaires, et qui, aussi sévères pour le costume, portent en été sous leur robe des pantalons de nankin et des bas blancs, ces négocians, dis-je, sont encore mieux logés que beaucoup de juges de la cour royale, et que tous les juges de première instance. — Holà! M. le Parisien, n'oubliez pas que suis manufacturier et que je n'entends pas qu'on parle irrévérencieusement de la juridiction consulaire.—Que le ciel m'en préserve! J'ai eu des créanciers dans mon jeune âge, et je connais la toute-puissance de la loi commerciale; je pourrais dire comme Chicaneau des *Plaideurs :* J'ai été élevé dans la crainte de Dieu et des sergens. Mais ces magistrats, si dignes d'ailleurs de notre estime et de nos respects, ne pourraient-ils pas exercer plus utilement leurs fonctions, qu'en donnant gain de cause à toutes les lettres de change, bonnes ou mauvaises, surprises bien souvent à l'inexpérience par la friponnerie? Que de fois n'a-t-on pas vu des usuriers ou de perfides artisans faire prendre à des jeunes gens la qualité de négocians pour les soumettre à des contraintes par corps! Que de jeunes médecins, poètes, peintres ou légistes se sont éveillés à Sainte-Pélagie, en vertu de l'arrêt d'un tribunal où ne siégeaient pas leurs juges naturels! Il m'en souvient! Un coquin de tailleur à qui j'avais déjà payé des mémoires innocens, comme ceux de M. Purgon, m'accorda une fois un crédit d'un trimestre et me fit mettre quelques mots au bas d'un papier oblong, décoré des armes du Roi ; un receveur de rentes qui avait quelques fonds à moi était chargé d'acquitter ma dette. Au jour de l'échéance, mon étourdi de receveur était à la campagne et je sortais un beau matin pour aller lire à la Comédie-Française un petit chef-d'œuvre de ma composition, lorsque deux messieurs fort polis m'invitèrent à monter dans un fiacre et me conduisirent non loin du boulevart de l'hôpital de la Pitié, dans une vilaine maison où, pendant quelques jours, j'eus tout loisir pour corriger ma pièce. Il se trouva que j'avais accepté une lettre de change tirée par un homme que je ne connaissais pas, et datée d'un pays où je n'avais jamais mis les pieds. — Et la comédie? — Je ne pus obtenir une seconde lecture. — Ingrat! Quel service le tribunal de commerce a rendu à toi et au public! »

Je conduisis mon parent dans la galerie qui domine la salle de la Bourse. « Parbleu, s'écria Glatignac, voilà des sculptures magnifiques! MM. Abel de Pujol et Meynier, dont je vois là les noms, sont d'habiles statuaires! — Illusion, mon cher; tout ce que tu vois est peint. — Allons donc..... le bras de cette femme qui représente la ville de Nantes, le turban de cet Arménien, la couronne de la justice, tout cela est en saillie, tout cela sort du cadre. — Illusion, te dis-je, l'art de tromper les regards n'a jamais fait autant de progrès que dans notre siècle. »

Nous descendîmes et nous nous glissâmes dans la salle au milieu de la foule qui entrait. La voix du crieur, qui annonçait le cours de la marchandise financière, se faisait entendre au milieu d'un bourdonnement continuel. Des groupes étaient formés çà et là. Des gens s'abordaient et se quittaient après quelques monosyllabes prononcés à l'oreille; d'autres établissaient, d'un air préoccupé, une conversation où régnait un bizarre mélange. On y parlait des bruits du changement de ministère et de *fin courant*, de la beauté de la débutante et de *vente à terme*, de la cour d'assises et d'une partie de coton, du jugement du *Constitutionnel* et des bons de Colombie.

« Que de négocians et de banquiers vous avez à Paris! s'écria Glatignac. — Sans doute ; mais s'il n'y avait ici, excepté nous, que des gens patentés, nous aurions nos coudées franches ; parmi ceux que tu vois, il y a un bon nombre d'industriels, très-industrieux et surtout très-actifs. Chacun d'eux a un cabriolet, moyen de transport très-rapide et très-commode, qui leur offre le double avantage d'enlever à la course les spéculations et de se dérober plus tard aux poursuites des spéculateurs qui vont à pied. Tout est mêlé comme dans les grandes réunions; il y a des millionnaires et des gens à qui il manque un écu pour avoir quelque chose.—Celui qui est près de nous, répliqua le cousin, est dans la première catégorie : ce doit être un grand capitaliste. — Erreur ; je le connais. — Il vient d'acheter cent mille livres de rentes : j'ai entendu le marché. — La belle preuve ! — Est-ce que ce petit monsieur, habillé à l'anglaise, qui a vendu, serait assez fou pour placer une pareille valeur chez un homme qui n'offrirait aucune garantie ?

— Le petit monsieur n'est pas plus riche que l'autre. Ces opérations sont fictives. L'un n'a rien à livrer, l'autre rien à recevoir ; mais lorsque arrive la fin du mois, celui que le cours de la rente a condamné paie ou ne paie pas, mais doit une différence. C'est un pari sur la hausse et la baisse. — Si vos agens de change observaient rigoureusement les dispositions de la loi, un pareil scandale n'aurait pas lieu. — Sans doute ; mais depuis que l'agiotage a reçu une organisation politique ; depuis que certains personnages influens se sont faits les banquiers de cette maison de jeu, une charge d'agent de change coûte un million, et rapporte 200,000 fr. De là, nécessité pour le titulaire de ne pas s'en tenir aux bénéfices de ses opérations légales. Il travaille donc avec les capitalistes de paille, et, suivant le plus ou moins de bonheur, la loyauté ou la mauvaise foi de ces messieurs, il fait fortune ou banqueroute. Dans le second cas, l'architecte de ce monument a eu pour lui une attention bien délicate, en plaçant la Bourse auprès du tribunal de commerce. Ruiné dans une salle, le financier ou le négociant malheureux peut aller dans l'autre déclarer sa faillite. Mais tout est pour le mieux dans ce globe sublunaire. Je regrette seulement qu'on n'ait pas pu placer dans ce beau temple que nous quittons la cour d'assises et le tribunal de police correctionnelle, parce qu'enfin on peut bien faire quelque chose pour les créanciers, qui généralement ont les jambes moins bonnes que leurs débiteurs. — *Auri sacra fames!* s'écria le cousin. Il paraît que, du tems des Romains, on attachait quelque prix à ce métal, signe représentatif de tout ce que la plupart des hommes sont convenus d'appeler bonheur.—Sans doute, l'argent a toujours été le but des crimes ou des folies du genre humain; mais, depuis la conquête du Mexique et du Pérou, je crois que le besoin de faire rapidement sa fortune n'a jamais agité autant de têtes qu'à présent. On se lance en aveugle dans les spéculations les plus hasardeuses ; on s'étourdit sur ses entreprises. Peu scrupuleux sur les moyens, on ne voit que le succès et point l'honneur; en cas de chute même, on arrange ses malheurs de manière à s'en faire une source honteuse de prospérité. Les carrières de nos environs ont à peine assez de matériaux pour ces milliers de constructions qui écrasent le sol parisien. On spécule sur le prix élevé des loyers, que le moindre mouvement politique ou l'absence momentanée des étrangers peut faire descendre à leur taux réel. Tous les arts sont appelés à décorer des magasins; mais le marchand, qui se promène au milieu de ces merveilles, n'est que dépositaire des valeurs mercantiles qui garnissent ses rayons. Le libraire qui ne peut vendre une première édition, se hâte d'en produire une seconde, pour violenter l'indifférence publique. Il paie à l'un 10,000 fr. pour cinq petits actes d'une tragédie nouvelle; à l'autre, dont toutes les trompettes de la renommée ont déjà proclamé la précoce immortalité, il promet trois francs par chaque vers qu'il daignera laisser tomber de sa plume. La ligne de démarcation entre l'ancienne simplicité et le fracas du luxe moderne n'a jamais été si saillante. Compare ces spéculateurs nouveaux, qui ont des rêves si brillans et de si cruelles insomnies, avec ces tranquilles et gothiques rentiers, dont les aïeux ont confié à la fortune publique ce qu'ils ont pu économiser d'un argent acquis lentement et loyalement. Une banqueroute leur a enlevé les deux tiers de leur revenu ; ils dorment avec ce qui leur reste sur la foi des traités. Le 22 mars ou le 22 septembre est souvent bien long à venir ; on se retranche, on vit petitement, on se refuse le beau mélodrame à la mode. Enfin le signe du bélier ou de la balance reparaît : on se ranime, on fait bon visage à ses voisins, et, ses papiers à la main, on va s'asseoir sur les bancs du trésor, en attendant que son heure, c'est-à-dire sa lettre, soit arrivée.—*Optimè !* dit le cousin. Mais que se passe-t-il donc là-bas ? Un homme semble vouloir s'emparer du cheval et du cabriolet de ce jeune élégant. — Vous verrez que c'est le sellier qu'on aura oublié de payer. — Le jeune homme se soumet, et le voilà qui se dérobe pédestrement aux huées et aux brocards de la multitude. — Eh ! mais..... tu ne reconnais pas ? c'est le capitaliste qui vient d'acheter 100,000 fr. de rente. »

## LE PALAIS-DE-JUSTICE.

— N° XXIX. —

# LE PALAIS-DE-JUSTICE.

> Des sottises d'autrui nous vivons au palais.
> BOILEAU.
>
> N'imite point ces fous dont la sotte avarice
> Va de ses revenus engraisser la justice,
> Qui, toujours assignant et toujours assignés,
> Souvent demeurent gueux de vingt procès gagnés.
> *Idem.*

Ils sont d'une activité fatigante, ces bons provinciaux qui viennent pour la première fois ouvrir de grands yeux sur la capitale, et se montrent bien décidés à ne pas la quitter avant d'en avoir exploré tous les coins. Levés lorsque les honnêtes Parisiens reposent encore dans l'alcove silencieuse, ils ont arrêté l'itinéraire de leur journée, appris par cœur le feuilleton des spectacles, envoyé vingt fois chez les marchands qu'ils attendent, et écrit à tous les amis de là-bas les observations de la veille, avant qu'un domestique, sage dans sa lenteur, ait, en entr'ouvrant nos volets, permis au dieu du jour de faire chez nous sa visite matinale. Malheur au paisible bourgeois qui leur donne l'hospitalité, dont ils dérangent les vieilles habitudes, et qu'ils étourdissent de questions auxquelles il est souvent fort embarrassé de répondre, attendu qu'il n'a pas vu le quart des choses sur lesquelles on l'interroge! Il n'est pas rare d'être insouciant au milieu des richesses : s'il y a des Nîmois qui ne se sont jamais arrêtés devant la Maison-Carrée, qui n'ont point parcouru les gradins de leur amphithéâtre, et contemplé, à quelques lieues de leur ville, l'admirable pont du Gard, il y a une foule de Parisiens qui ne connaissent pas l'Observatoire, qui ne sont point descendus dans les Catacombes, et n'ont même pas encore fait le voyage de Versailles, pour y contempler les merveilles de Louis XIV. La curiosité n'est pas le point saillant de notre caractère : plus d'un brave citadin mourra dans la rue du Dragon, sans savoir où se trouve la nouvelle Athènes, ou finira ses jours dans la rue des Fossés-du-Temple, sans se douter qu'il y a maintenant une petite ville dans la plaine de Grenelle. Si nous sommes indifférens pour les choses remarquables que les arts ont créées si près de nous, nous sommes encore moins disposés à en aller chercher de lointaines. Les mille vaisseaux dont s'enorgueillit la Tamise, les glaciers et les sites pittoresques de la Suisse, le beau ciel de l'Italie ne sauraient nous inspirer le goût des voyages. Un de nous cependant a fait le tour du monde; mais les siècles sont avares de phénomènes, et je crains que les âges ne se succèdent sans nous ramener un autre Bougainville. Il a fallu la toute-puissance de la religion ou de grandes secousses politiques pour nous arracher de nos foyers. Ainsi jadis l'honneur de délivrer la ville sainte, les proscriptions des révolutionnaires de nos jours, et le brillant prestige de la gloire, firent voir à des yeux parisiens les remparts de Ptolémaïs, les marbres de l'Alhambra et les dômes dorés du Kremlin. Mais dix ans de paix nous ont ramenés à nos coutumes casanières, et sans la promenade au Havre, pélerinage obligé des enfans de Lutèce, peu d'entre eux perdraient de vue les tours chéries de Notre-Dame.

## LE PALAIS-DE-JUSTICE. 51

Le cousin de Limoges, qui ne voulait pas perdre de tems à Paris, ne ménageait guère le mien. Nous rentrions souvent tard et fatigués de nos courses. Il me fallait encore entendre ses observations critiques jusqu'à ce que ma lampe ne jetât plus qu'une lumière douteuse. Cela ne l'empêchait pas d'être debout et de m'éveiller avec le jour, qui heureusement, dans cette saison, n'est pas si pressé que le cousin. Nous étions convenus que je le conduirais au Palais-de-Justice, et la cloche matineuse donnait à peine l'avertissement de balayer les rues, qui n'en sont pas plus propres pour cela, lorsque Glatignac parut au chevet de mon lit. Je lui représentai que les audiences ne s'ouvraient pas à la lueur des quinquets, et j'obtins que nous n'irions qu'en tems utile.

Nous étions arrivés près de la grille du temple de Thémis, vieil édifice qui vit presque le berceau de la grande ville, habité jadis par un de nos plus grands rois, d'où les parlemens envoyèrent quelquefois au pied du trône de respectueuses vérités, et qui, déshonoré un instant par les bourreaux de la révolution, a retrouvé son premier éclat avec des magistrats généreux défenseurs de la veuve et protecteurs de l'orphelin. Un échafaud venait d'être dressé sur la très-petite place du Palais; les poteaux, les carcans et les ceintures de cuir étaient là. Le peuple, impatient, attendait les misérables qui allaient subir devant lui le supplice de l'infamie. Ils arrivèrent, et nous vîmes des enfans. A peine avaient-ils atteint l'âge pour lequel la loi cesse d'être indulgente, et déjà ils avaient mérité qu'on les sequestrât de la société! Nous cherchâmes vainement sur leurs traits l'empreinte du remords; nous n'y aperçûmes pas même les traces de la honte. Leurs regards erraient sur la foule avec une complète indifférence; on eût dit qu'ils avaient changé de rôle avec les spectateurs : l'un d'eux osa rire. Nous aimâmes mieux supposer qu'il était insensé, que d'être obligés d'avouer une aussi affligeante dépravation. Nous voulûmes connaître son crime; mais, grâce à la distance où les gendarmes tiennent les observateurs, nous ne pûmes lire l'écriteau.

En montant les degrés du Palais, nous déplorions, le cousin et moi, les funestes résultats de cette révolution qui, relâchant tous les liens de la morale et brisant le joug salutaire de la religion, n'offrit à la société aucune garantie contre les passions qu'on avait déchaînées. Il reste encore beaucoup d'hommes de cette époque qui persistent dans leurs affreux principes ; leurs enfans reçoivent des leçons qu'ils ne tardent guère à mettre en pratique. Ils figurent bientôt sur les bancs du tribunal de police correctionnelle ou de la cour d'assises, et vont ensuite habiter un tems des bagnes où leurs aînés en forfaits se chargeront de perfectionner leur horrible éducation.

La salle *des Pas-perdus* réclama d'abord notre visite. C'est là qu'un plaideur qui n'a pas encore franchi le premier degré de juridiction est au centre de ses affaires ; c'est aussi là que se terminent ses courses judiciaires, puisqu'au milieu de toutes les chambres de première instance, se remarque l'entrée de la cour de cassation. Là se promenaient de jeunes stagiaires dont la gravité du costume contrastait singulièrement avec la gaîté de leurs traits, et qui, sous le bonnet carré magistral, répétaient joyeusement le refrain de la chanson nouvelle ; de vieux avoués, la robe retroussée et un énorme dossier sous le bras, méditant une fin de non-recevoir, un jugement par défaut ou une saisie exécutoire ; et de pauvres cliens qui, partagés entre la crainte et l'espérance, se glissaient au milieu de ces fantômes noirs pour y démêler leur avocat, et, chemin faisant, se trouvaient nez à nez avec leur partie adverse.

Je montrai au cousin la statue de Malesherbe, couverte encore d'un voile épais et entourée d'un rempart de planches. Je lui appris que ce monument était terminé depuis long-tems ; mais je ne pus lui dire pourquoi l'on tardait tant à l'offrir à nos regards. Glatignac allait donner un regret au souvenir de l'illustre et courageux Lamoignon, lorsque j'attirai son attention sur un petit homme assis gravement au pied d'un pilier et à demi entouré d'un paravent, qui jadis avait quelques feuilles de plus. Cet écrivain public changeait à chaque instant de fonctions. Consulté par un paysan, il ouvrait d'un air capable les cinq Codes, et, à l'aide d'un article fortifié par les annotations de M. Paillet, tranchait hardiment la question de droit la plus difficile ; rédacteur éloquent, il dressait une pétition pour un recours en grâce; scribe discret et complaisant, il composait une galante missive pour la demoiselle d'une marchande de joujoux; modeste expéditionnaire, il copiait avec fidélité le précis d'un plaideur bel esprit; puis enfin abandonnant son cabinet d'affaires à la foi publique, et descendant à l'humble rôle de commissionnaire, il conduisait aux audiences, aux greffes, chez les juges d'instruction et au bureau des huissiers, les plaideurs, les prévenus, les témoins et les étrangers qui ne connaissent pas les détours de la maison de dame Justice.

Appelés par une sorte de tumulte vers l'escalier de la police correctionnelle, nous vîmes bientôt deux ennemis en présence; les menaces annonçaient un prochain combat. C'étaient deux voisins qui, se plaignant d'injures réciproques, avaient été mis dos à dos par le tribunal, et qui, se retrouvant face à face sur l'escalier, recommençaient une conversation accompagnée de la pantomime la plus expressive. Les juges avaient essayé de réconcilier les parties, et, en sortant de l'audience, un petit procès en voies de fait se mitonnait déjà.

Nous entrâmes dans la salle où se jugent les vagabonds et les femmes infidèles, les escrocs et les écrivains coupables. Au moment de notre arrivée, un brave mari, qui, du reste, paraissait assez sain d'esprit, se donnait un mal affreux pour obtenir des ministres de la loi un brevet de ridicule. Ce stoïcien conjugal remporta la victoire. Des éclats de rire saluèrent son triomphe, et il se retira hué... et content. Pourquoi sa disgrâce ne lui était-elle pas arrivée en Angleterre? On eût joint à l'arrêt quelques mille guinées. Chez nos voisins tout est spéculation, tout jusqu'aux accidens. Ce que c'est que l'esprit du commerce! Vivent les époux industriels!

Les audiences civiles parurent plus intéressantes. Ici se discutait une question hypothécaire; là le débiteur demandait terme et délai pour avoir le tems de..... vendre ses meubles ; plus loin, le sous-traitant d'un fournisseur de fourrages disputait à son patron le droit exclusif de mettre du foin dans ses bottes ; à droite et à gauche, les avocats parlaient beaucoup et disaient fort peu de choses : les juges, qui avaient deviné le résultat, n'écoutaient guère. Deux magistrats, dans chaque chambre, semblaient chargés de se former une opinion pour leurs collègues. Nous vîmes un avocat faire tous ses efforts pour enlever un jugement pendant l'absence de son adversaire. Un voisin me dit que c'était sa louable coutume, et qu'il n'avait jamais obtenu que des succès provisoires, et dont ses confrères auraient rougi. Le tems où le plaisir nuit pendant quelques jours aux affaires lui est profitable, et son mardi gras lui vaut toujours cinq à six jugemens par défaut.

Le plaideur comparaissait en personne à la cinquième chambre, souvent égayée par cent sortes d'incidens et l'éloquence bourgeoise de ces orateurs impromptu. Malade ingrat, celui-ci disputait à son médecin le prix de deux cents visites, prétendait avoir considéré le docteur comme un ami, avoir joui par plaisir de sa société, et n'être tenu qu'à de la reconnaissance. L'enfant d'Esculape répondait qu'avec ce système, plus il aurait d'amis, plus il serait sûr de mourir de faim. Le tribunal imposa à l'amitié du défendeur un petit sacrifice pécuniaire, et réduisit les prétentions du médecin, qui avait fait un mémoire..... d'apothicaire.

La cour d'assises eut bientôt notre visite ; c'est là le rendez-vous de tous les curieux, des oisifs et des gens économes de la capitale ; ces derniers surtout abondent ; car, tandis que, l'hiver, ils élisent domicile à l'audience, la falourde reste intacte dans leur grenier. Là, du moins, ils ne sont point obligés, comme dans les cafés, d'acheter l'hospitalité par la demi-tasse ou le verre d'eau sucrée. Quant aux curieux, il y a dans les attentats contre la société, dans le détail des crimes, un attrait puissant pour eux. Ils forment des conjectures sur le jugement, s'intéressent à tel accusé, s'indignent contre tel autre : c'est un spectacle, un mélodrame ou une tragédie en plein jour. Cette fois, on ne jugeait que des coquins subalternes ; c'étaient des voleurs de nuit : à peine s'il y avait une petite effraction. Non loin d'eux étaient des jeunes gens qui écrivaient, et qui, m'ayant aperçu, me saluèrent. Glatignac, déconcerté, me demanda qui ils étaient. « Des journalistes, mon cher. — Je ne l'aurais pas deviné. On leur a assigné une singulière place. Il doit être fort désagréable pour d'honnêtes gens de se trouver au niveau des voleurs. — Aussi je te réponds qu'ils maudissent souvent à ce sujet MM. les présidens, et voudraient bien pouvoir changer de maréchaux-de-logis. »

Nous revînmes dans la salle des Pas-Perdus. Quelques audiences étaient finies, et la foule des robes noires nous parut encore plus considérable. Glatignac s'écria qu'il fallait qu'il y eût bien des procès pour que tous ces gens de loi fussent employés. « Je ne crois pas, lui répondis-je, qu'il y en ait plus qu'autrefois, et il y a beaucoup d'avocats sans cause; aussi courent-ils après les affaires. Les moins délicats ne dédaignent pas de se faire des amis des gendarmes, qui les recommandent aux malfaiteurs qu'ils arrêtent, et des geôliers, qui leur rendent le même service. D'autres ont l'impudeur de s'offrir eux-mêmes, de recruter des cliens à la porte de l'audience et de soutenir l'innocence de gens qu'ils ne connaissent que depuis quelques minutes. »

Le cousin, qui voulait tout examiner, regarda en souriant ces libraires féminins qui attachent d'un air coquet le rabbat des suppôts de Thémis dans ces boutiques où l'on fabrique tous les costumes, depuis la simarre du premier président jusqu'à la robe de l'huissier; et nous ne quittâmes le palais que lorsque la curiosité de mon compagnon se trouva réduite aux magasins de pantoufles.

— N° XXX. —

## LE JOUR DE L'AN.

*Crede mihi, res est ingeniosa dare.*
Ovid., *Elég*, liv. II.

Croyez-moi, c'est un art que de savoir donner.

Quarante-huit heures se sont écoulées depuis que l'année est allée rejoindre ses dix-huit cent vingt-sept sœurs ; je suis en retard pour parler du jour de l'an. On vit si vite à Paris, on est si pressé dans ce siècle, que, pour le peindre, il faudrait faire un petit changement à une figure mythologique et coiffer le vieux Saturne du toupet chinois de l'occasion. Mais quoi! les indifférens, les indécis, les paresseux et les boudeurs ont tout le long mois de janvier pour faire leurs complimens et leurs cadeaux. Or, en supposant que le moins diligent ne pense à l'an 1828 que le jour de Sainte-Marcelle, qui est le 31, il sera quatorze fois et demie plus arriéré que moi, et puis comment, dans un journal, se faire jour à travers tous les solliciteurs qui assiégent le cabinet de M. le rédacteur en chef; chacun veut qu'on parle de ses petites marchandises et de son grand magasin, de ses bagatelles plus ou moins ingénieuses. Tout le monde fait queue, depuis l'humble négociant qui s'est installé pour quinze jours à côté de la statue du bon Henri IV, jusqu'à l'élégant propriétaire de la rue du Coq, qui a l'honneur de voir à sa porte la livrée de l'auguste mère de notre Dieudonné; vingt supplémens ne suffiraient pas à l'ambition des spéculateurs de janvier. Mais enfin le feuilleton m'ouvre ses petites colonnes; aux derniers les bons, dit un proverbe; puisse-t-on ne m'en pas faire une ironique application!

Glatignac est retourné dans le chef-lieu du département de la Vienne. Il faisait l'esprit fort avec moi, et j'ignorais que ce petit rodomont était dans ses foyers domestiques le plus humble des esclaves que, sous le titre de maris, le doux hymen entoure souvent de ses chaînes.... de fleurs. Ma chère cousine avait ordonné par écrit à Glatignac de se trouver à Limoges, rue *Cruche d'Or*, le samedi 31 décembre, au plus tard au coup de minuit, afin de lui souhaiter la bonne année; et mon obéissant cousin avait pris la diligence, malgré son extrême désir de voir les curiosités parisiennes, les affaires dont il devait s'occuper et les conseils qu'il avait le projet de donner aux ministres de S. M. J'avouerai que ce départ m'avait fait plaisir; l'agitation perpétuelle où il me tenait m'avait fatigué, et je me promettais de retourner à la tranquillité de mes habitudes; mais qui peut expliquer le cœur de l'homme? Avant l'arrivée de Glatignac, le moindre déplacement me faisait frémir. Pendant son séjour, je gémissais d'être forcé de courir tout Paris, et depuis qu'il m'a réintégré dans ma liberté, accoutumé que je venais d'être à porter sur tous les objets un regard curieux, je me suis senti la fantaisie de continuer le même genre de vie. Je m'agitais avec lui; je m'agite maintenant tout seul. A quel heureux mortel d'ailleurs est-il donné de rester immobile pendant les derniers jours de décembre? A moins d'être sans parens, sans amis, ne faut-il pas courir les boutiques, et composer une petite cargaison dont on est sûr, le 1ᵉʳ janvier, d'avoir un facile débit? Nos témoignages d'amitié sont bien mieux compris, lorsqu'un cadeau les accompagne, et les souhaits les plus sincères ne font pas autant d'effet qu'un beau diamant. D'ailleurs, n'y a-t-il pas les visites de bienséance, de peur, d'étiquette, de précaution et enfin les visites de cœur? Celles-ci, on les fait presque toujours les dernières : le tems présent est calculateur, et l'amitié ne rapporte guère que du plaisir. Quelque indépendant que l'on puisse être par sa petite fortune et l'humilité de ses désirs, il y a toujours un petit bout de la chaîne sociale pour gêner votre liberté ; ce qu'on ne ferait jamais pour soi on l'entreprend pour les autres. J'ai un neveu, garçon d'esprit, qui, voyant M. S*** gagner beaucoup d'argent avec des vaudevilles et des opéras comiques, passait ses journées à rimer des couplets et des ariettes. On lui a refusé tous ses chefs-d'œuvre, et maintenant, sollicitant un mince emploi d'expéditionnaire, il consent à déshonorer sa plume en copiant l'esprit ou les sottises des autres. Ne dois-je pas chercher pour lui quelques protecteurs dans les bureaux? On parle d'un changement parmi les ministres.

Il est vrai qu'il y a long-tems que ce bruit est répandu; mais enfin on a vu de ces choses-là; il faut donc se faire bien venir des gens que l'on désigne pour succéder; ainsi nombreuses démarches, d'abord auprès de l'excellence qui n'est pas encore sortie, et puis vers les excellences qui peuvent entrer. Tous ces grands messieurs ont des secrétaires, des huissiers, des valets de chambre, et dans les premiers jours de la naissante année, il est convenable de les aborder avec ces petits riens qui s'offrent sans prétention. Plus tard c'est, dit-on, plus cher. Je me suis donc mis en campagne, et j'ai acheté, suivant la destination de mes présens, du solide, du brillant et du fragile; mais, comme en voyant beaucoup de choses il semble qu'on ait déjà gagné sur la seule qu'on se décide à payer, j'ai visité dix confiseurs avant de prendre une sucrerie, vingt bijoutiers avant d'acheter une bague, et ainsi de suite. Avant tout, j'ai voulu voir ce nouveau bazar dont les journaux m'avaient fait un si grand éloge. C'est dans le cirque où jadis

MM. Franconi ont donné tant d'intelligence aux bêtes, c'est-à-dire dans ce terrain qui, parallèlement à la rue de Rivoli, s'étend depuis la rue Saint-Honoré jusqu'à celle du Monthabor; c'est là, dis-je, que le nouvel établissement a été créé. Des valets en livrée vous ouvrent deux énormes portes battantes, et vous vous trouvez dans une salle immense. L'éclairage en est brillant, et plusieurs cheminées à la Désarnaud, en assurant la température la plus douce, vous invitent encore à chasser l'humidité de votre chaussure, meilleure recette contre la migraine que les bagues de M. Georget, le fastueux mécanicien du voisinage. De nombreuses marchandes, qui paient deux francs chaque matin pour une place au bazar, étalent à l'envi des objets de tout genre. L'industrie n'a pas établi là le dépôt de ses plus riches productions, et c'est à la petite propriété, d'autant plus respectable à mes yeux que j'ai l'honneur d'en faire partie, que ce temple paraît avoir été dédié. Ennemi déclaré de la loi salique, le sultan qui préside aux destinées du bazar n'a permis qu'à des femmes d'occuper ses comptoirs ; mais son kislar-agah n'a point présidé à l'examen des odalisques, et la Circassie et la Géorgie n'ont point été mises à contribution pour meubler ce harem. Je n'y achetai rien.

M. Pommerel, le confiseur de la rue Montesquieu, eut ma visite. Sa naissante renommée a fait pâlir l'astre de la rue des Lombards; il y avait foule, et, en attendant mon tour, j'observai le goût des acheteurs. Fidèle aux anciennes habitudes, un vieux monsieur, qui portait encore de la poudre, prenait une de ces boîtes rondes dont le couvercle est un verre bombé sous lequel brillent des bouquets en perle. Un petit jeune homme, à l'air prétentieux, cherchait sur toutes les bonbonnières des allégories ou des peintures fadement amoureuses dont il pût tirer des allusions et montrer de l'esprit à bon marché. Un gros réjoui accaparait une bûche, un abattis de dindon sur une feuille de chou, des œufs sur le plat, etc., et riait d'avance de l'effet que devaient produire ses offrandes. Je m'en tins aux bonbons assortis, auxquels les sacs gauffrés que M. Vernault a mis à la mode, donnent depuis deux ans un air tout moderne. J'entrai au Palais-Royal. Rodin et Garnesson me fournirent l'un une jolie lampe en bronze, que je destinais à un poète, l'autre un baguier du meilleur goût, meuble indispensable pour une jeune femme. S'il est armé de douze crochets et ne porte que six bagues, ces lacunes servent d'avertissement aux parens de tous les degrés et aux galans habitués de la maison. Je cherchai long-tems chez M<sup>me</sup> Désarnaud, que son escalier de cristal a rendue célèbre à jamais, un verre qui me convînt. Les uns étaient ornés de croix de Saint-Louis et de la Légion-d'Honneur, et celle de mes cousines à qui je voulais faire ce présent n'a jamais été rivale de la chevalière d'Eon ni des héroïnes de la Grèce. Les autres présentaient des emblêmes religieux, et je ne crus pas ces signes, objets de notre vénération profonde, convenablement placés à table. Là, c'était un bouquet de ces fleurs qu'on a gracieusement surnommées *Pensez à moi*. Or, ma parente ne pourrait guère y penser que dans son testament, et toute sa fortune est à fonds perdus. Ici, c'était un nœud de roses et de pensées ; et M<sup>me</sup> de \*\*\*, qui, avec ses soixante-dix ans, sa perruque et ses lunettes, ne ressemble pas beaucoup à la reine des fleurs, aurait pris cela pour une épigramme ; je me contentai d'un verre à patte du plus beau cristal, et qui suffira bien pour boire à ma santé, si l'envie en prend à celle qui le recevra.

Mon bagage commençait à devenir embarrassant; déjà la nuit venait obscurcir les objets, et je fus obligé d'ajouter à mes dépenses celle d'une voiture à l'heure. Je me fis descendre chez Giroux, l'ingénieux accapareur de toutes les jolies étrennes, celui dont l'imagination active trouve chaque année de nouveaux moyens de nous séduire. Toutes les classes de la société s'étaient donné rendez-vous dans ce petit muséum; mes yeux étaient éblouis des marchandises et des parures, de l'éclat des lumières et de la beauté des femmes; j'étais dans l'ivresse! Marchander là, me semblait d'un fort mauvais ton, et je fis la folie d'acheter fort cher quelques objets, afin de pouvoir dire en les offrant : Cela vient de chez Giroux.

Je n'étais pas au bout de mes peines. En consultant ma petite liste de bienfaits, je vis le nom d'une belle demoiselle dont je ne sais pourquoi je m'étais déterminé il y a dix-huit ans à être le parrain. A dix-huit ans, on ne s'amuse plus d'une poupée. D'ailleurs il était question pour elle d'un mariage prochain. J'entrai chez un bijoutier, et je demandai ce qu'on pouvait offrir à une jeune personne. On me questionna sur la couleur de ses cheveux. « Du plus joli blond, » répondis-je. Alors on m'étala une parure de turquoises, en m'assurant que la couleur bleu tendre de ces pierres se mariait à merveille avec l'or d'une belle chevelure. La parure était charmante; rien de plus engageant que la bijouterie... Je me saignai et rentrai vite chez moi pour éviter d'autres tentations. Hélas! ma pauvre bourse m'en aurait préservé d'elle-même; elle était d'une telle maigreur que je n'y trouvai que ce qu'il fallait pour payer mon cocher aux termes de la nouvelle ordonnance du préfet de police...

Le 29 et le 30 décembre sont des roses de l'époque comparées aux jours suivans. C'est là le vrai supplice de ceux qui ne vivent pas en anachorètes dans cette grande ville, et à qui l'on suppose un bon cœur et quelque argent comptant. Le samedi, au lieu d'aller faire ma partie de dames au café dont je suis le plus ancien habitué, j'ai dû attendre la visite cérémonieuse de quelques personnes qui croiraient me manquer de respect si elles m'embrassaient douze heures plus tard. Ma gouvernante tombait de lassitude à cause des voyages multipliés qu'elle avait faits de sa cuisine à la porte de mon appartement. Je ne puis recevoir dédaigneusement et faire faire antichambre. Je ne suis pas en place. Tout le monde entrait à la fois ; mon petit salon ne désemplissait pas, et les siéges manquèrent souvent. Mais le dimanche matin!... Il est convenu qu'on ne dort pas le premier jour de l'année. Le portier d'abord vint me la souhaiter bonne et heureuse ; le facteur ajouta : accompagnée de plusieurs autres, et il me donna le choix dans une pile d'almanachs ; le tambour de la garde nationale, qui oublie toujours que le tems m'a exclus des contrôles; les garçons de théâtre, qui se ressouviennent le 1$^{er}$ janvier que dans ma jeunesse j'ai fait le quart d'un vaudeville ; le garçon limonadier, qui ce jour-là veut placer lui-même sur mon guéridon la tasse de chocolat accoutumée, et qui a grand soin de déposer dans la corbeille le cornet de pralines amères, et mille autres qui n'ont ni fonctions ni prétexte, et qui se trouvent là je ne sais comment; voilà ce qu'il a plu à la Providence de m'envoyer entre sept et huit heures du matin.

Jour néfaste! jour terrible! après avoir vu

s'échapper en bagatelles d'usage et en impôts indirects une somme trop forte pour un rentier à qui le Trésor ne donne d'argent que deux fois par an, devais-je m'attendre à toucher à cette petite caisse de réserve que j'avais grossie de mes petites économies, ressource pour les maladies, les malheurs, et peut-être les plaisirs imprévus? Monsieur mon neveu, qui, pendant une fluxion de poitrine que j'avais eu la maladresse d'attraper l'année dernière, n'avait pas mis le pied chez moi, vint me faire sa révérence matinale. Il me fit voir d'un air triomphant la lettre que lui écrivait un chef de division pour lui annoncer qu'il venait d'être nommé expéditionnaire, et que le travail était à la signature. J'étais étonné de la promptitude du succès ; il m'apprit qu'il le devait à la femme du chef. Il avait passé quelque tems à la campagne de cet employé. Un jour, on était rassemblé dans une élégante chaumière au bout du jardin. Madame manifesta le désir d'y placer une horloge récemment inventée par Leroy, horloger de sa Majesté, et à laquelle on donnait le nom d'éolienne, parce que le vent seul la faisait aller. Mon cher neveu eut l'idée d'offrir pour étrennes le meuble désiré. Par son ordre, on l'avait placé dans la chaumière, et la nomination était le résultat de cette galanterie. M. Leroy avait bien affaire d'avoir du talent et d'inventer cet ingénieux mécanisme! Le nouvel expéditionnaire avait promis de payer aujourd'hui, et il me pria de lui avancer la somme nécessaire. Un oncle bonhomme ne prête pas à son neveu, il lui donne. Je fouillai donc dans mon petit trésor, et j'allai moi-même au Palais-Royal, n° 14, porter le prix de l'horloge éolienne, maudissant et bénissant à la fois les étrennes et les progrès de l'industrie.

En voilà donc pour un an! Dieu soit loué! Puisse 1829 ne pas me coûter si cher, et voir dans ce grand Paris bien des choses changées! Je n'y puis contribuer que par mes conseils, et je veux en donner quelques-uns en terminant ce récit. Dans la situation de mes finances, c'est le cadeau le plus économique que je puisse faire.

Je conseille donc aux gens qui sont en place le désintéressement et l'amour du prochain; à ceux qui n'y sont plus, la résignation; aux commis plus de politesse, aux solliciteurs moins d'importunité; je conseille aux maris la confiance, aux femmes la sagesse, aux jeunes gens le mariage, aux demoiselles la patience ; je conseille aux poètes dramatiques d'avoir de l'esprit quand ils pourront, mais de la raison, toujours, et un peu plus d'invention qu'à l'ordinaire ; aux administrations théâtrales, de se séparer de certains auteurs qui, pour se faire jouer, emploient des moyens dont s'indignerait la délicatesse la moins scrupuleuse ; *item*, de renvoyer tous les employés insolens, et de nettoyer leur parterre de l'ignoble cohue des applaudisseurs; je conseille aux romantiques le sens commun, aux classiques l'imagination, aux vieillards moins d'enthousiasme pour le passé, aux jeunes gens un peu moins de confiance dans leurs talens, un peu plus de respect pour l'âge ; et sur ce, je conseille à l'autorité de rétablir la puissance paternelle, qui, malgré la philosophie moderne, n'était pas sans quelque utilité.

## L'HOTEL DES INVALIDES.

—

*Hic manus ob patriam pugnando vulnera passi.*
Virg., *Æn.*, lib. VI.

Là sont les guerriers qui ont prodigué leur sang pour la défense de la patrie.

Grace à la nouvelle activité qui est venue ragaillardir mon existence, j'ai dans ma haute sagesse conçu un plan magnifique. J'ai résolu, tout en faisant connaissance avec les nouveautés de Paris, de revoir tous ses anciens monumens. Il faut absolument que je les passe en revue avant de mourir; c'est un adieu que je ferai en détail aux beautés de ma patrie. J.-J. Rousseau, au moment de quitter la vie, voulut, dit-on, revoir le soleil; je veux que mes yeux, avant de se fermer pour toujours, se reposent encore sur tout ce qui honore et embellit la capitale de mon pays. Cette fois, je me décidai pour les Invalides, et je m'acheminai pédestrement vers la plaine de Grenelle sans savoir comment je m'y prendrais pour entrer dans l'hôtel, et m'en rapportant à mon étoile, qui ne m'a pas toujours abandonné.

J'ai assez le souvenir des dates, ce qui ne prouve pas merveilleusement en faveur de mon imagination; et, chemin faisant, j'interrogeais ma mémoire. J'étais bien aise d'apprendre si elle obéissait, comme jadis, à ma première réquisition, et je m'aperçus, avec une joie de vieillard inexprimable, qu'elle était encore aux ordres de ma volonté. J'y retrouvai la date précise du jour où l'on jeta les fondemens de ce bel édifice : ce fut le 30 novembre 1671. Je me rappelai jusqu'au nom de l'architecte qui en fournit les dessins : il s'appelait *Libéral Bruant*. Je ne sais si je dus tant d'exactitude à l'impression profonde que la vue de l'hôtel royal m'avait faite autrefois, ou à ce pronom de *Libéral* qui, bourdonnant depuis quelques années à mes oreilles, avait conservé le reste dans les cases de mon cerveau. J'apercevais déjà cette ceinture de canons, foudres de guerre qui ne tonnent plus maintenant que pour mêler leur bruit majestueux à celui des réjouissances publiques, lorsque je me sentis frapper sur l'épaule. Je me retournai et vis un officier invalide qui me prit la main en souriant. Hélas! il fut obligé de se nommer; je ne pouvais reconnaître, au travers de nombreuses mutilations, les traits d'un homme qui fut beau. Un bandeau noir couvrait un de ses grands yeux bleus, et ce nez aquilin, qui le faisait jadis ressembler aux princes de la plus auguste famille, était obliquement sillonné par une profonde cicatrice. Il avait guerroyé pendant vingt ans et plus, avait vu en vainqueur sept ou huit capitales, venait de payer encore de sa personne au Trocadéro, et se reposait enfin dans la maison des braves, au dessous de laquelle on pourrait mettre cette inscription qui lui conviendrait mieux qu'à un café de la rue Saint-Honoré : *Hîc virtus bellica gaudet.* Le capitaine s'offrit pour me conduire dans l'hôtel. Nous visitâmes en détail cette magnifique chapelle où de vieux soldats vont, courbant leurs fronts cicatrisés, devant l'autel du Dieu des armées. Il est bien incomplet maintenant ce muséum de drapeaux conquis au prix du sang, et qui se purifiait sous les voûtes d'un saint temple. Vaincus par un seul peuple, tous les peuples de l'Europe sont venus redemander leurs bannières ; et, faute d'un chef qui méritât leur amour et leur confiance, les Français, pour la première fois, ont cédé au nombre. Mais si nous avons perdu quelques témoignages de nos exploits, l'histoire nous reste, et ses pages éternelles valent bien quelques morceaux de soie enluminée, que le tems devait réduire en poussière. Après tout, la gloire des armes est-elle un bien si désirable, et le bonheur public en est-il un résultat? Vive la guerre pour avoir la paix! Quelques philosophes, grands hommes d'état, démentant leur sentimentale philantropie, nous parleront avec inquiétude du prodigieux accroissement de la population. Qu'ils se rassurent : nous ne serons pas obligés, comme jadis les Scandinaves, de nous priver de tems en tems d'une jeune portion de nos concitoyens et de les envoyer chercher une autre patrie. Nos landes se défricheront, la terre française nourrira tous ses habitans. D'ailleurs des maladies, inconnues jusqu'alors et qui seront long-tems rebelles à l'art de nos Esculapes, viendront sans doute attaquer cette exhubérance, et s'adjoindre à nos passions pour éclaircir nos rangs.

Dortoirs, réfectoires, cuisines, nous vîmes tout. Nous examinâmes avec plaisir cette *marmite* si célèbre où cuisent les alimens réparateurs que le Roi donne à ses vieux guerriers. On eut la bonté de m'en faire goûter et je les trouvai aussi bons que si l'on eût attendu la visite d'un haut et puissant personnage. Les dernières volontés de Louis XIV sont religieusement exécutées ; voici ce que le grand fondateur, qui affectionnait particulièrement ce noble asile, dit dans son testament : « Entre les différens établisse-
» mens que nous avons faits dans le cours de
» notre règne, il n'y en a point qui soit plus
» utile à l'état que celui des Invalides. Il est bien
» juste que les soldats, qui, par les blessures
» qu'ils ont reçues à la guerre ou par leur long
» service et leur âge, sont hors d'état de tra-
» vailler et de gagner leur vie, aient une sub-
» sistance assurée pour le reste de leurs jours.
» Plusieurs officiers qui sont dénués des biens
» de la fortune y trouveront aussi une retraite
» honorable. Toutes sortes de motifs doivent
» engager le dauphin et tous les rois nos suc-
» cesseurs à soutenir cet établissement et à lui
» accorder une protection particulière. Nous les

» y exhortons autant qu'il est en notre pouvoir. »
Que diront de ce bienveillant paragraphe ceux
qui osent aiguiser d'insolentes épigrammes contre
le grand règne et le grand roi? Il faut que je
leur raconte ( un vieillard est un conteur ) un
mot qui me fut rapporté dans ma jeunesse et
qui, je ne sais pourquoi, est presque inconnu.
Au sujet de quelques troubles, M. de Louvois
conseillait à Louis XIV une impitoyable sévérité. « Il faut, lui disait-il, traiter le peuple
comme un enfant. — Oui, répondit le monarque;
mais il faut que le roi soit un père. » Henri IV
avait dit cela; Charles X le dit tous les jours.

Parvenus, après sept à huit pauses, au sommet du dôme dont on on a, du tems de Buonaparte, ridiculisé l'éclat, en disant assez plaisam-
ment que le chef du gouvernement voulait dorer
la pillule aux conscrits, nous jetâmes nos regards
sur cette ville immense qui était à nos pieds.
Quel spectacle curieux que cet amas confus de
maisons où se pressent, s'agitent tant d'êtres
différens? « Que ne puis-je, me disais-je, comme
certain petit diable malicieux, enlever le toit des
maisons pour diriger un œil observateur sur
toutes les figures que le hasard rassemble à tous

les étages! Que n'ai-je l'oreille assez fine pour entendre toutes les conversations! Que ne puis-je enfin recueillir toutes les sensations, les espérances, les désappointemens, les projets, les plaisantes rivalités, les haines, les jalousies, les intrigues, les amitiés douteuses, les démarches hasardées, les jugemens imprudens qui sèment d'une foule de petits événemens la journée d'un habitant de Paris! Que de peuples et d'usages divers dans cette enceinte immense! »
A gauche, la Chaussée-d'Antin, son opulence financière, son opposition industrielle et son aristocratie de coffre-fort : c'est le quartier général de la noblesse des écus, du luxe sans élégance, des prétentions sans grâce, des vanités sans talent. Ici, le faubourg Saint-Germain, ses mœurs chevaleresques, ses vieilles traditions et son noble fanatisme pour l'honneur, des regrets sans indulgence, de la générosité sans bonhomie, une mémoire sans pitié. Plus loin, le pays latin, ses apophthegmes, ses aphorismes et sa jeunesse passionnée. Vers le nord-est, une nation commerçante avec ses négocians loyaux et routiniers, ses descendans des échevins et ses siècles de bourgeoisie. Là-bas, à l'extrémité de l'horizon,

le Marais, province de la capitale, avec ses petites coteries, ses modes surannées, ses médisances et ses habitudes, si j'ose dire, imperméables. Enfin les faubourgs, qui ont chacun une nuance différente, villages en deçà des barrières, où la civilisation n'est pas encore parvenue, et où végète une race d'hommes accoutumés au travail, et que quelques heures d'une ivresse bruyante dédommagent d'une semaine de fatigues et de privations. Je voyais tout cela du dôme des Invalides. Autant en aurais-je vu des tours de Notre-Dame, de la coupole de Sainte-Geneviève ou du télégraphe du garde-meuble. A cette distance les palais me faisaient l'effet de châteaux de cartes, les passans me paraissaient des mirmidons; singulier caprice d'optique, où les contraires amènent le même résultat; car souvent plus j'approchais de certains hommes, plus je les trouvais petits.

Nous descendîmes, et l'on nous fit voir le plan en relief de toutes les villes fortifiées du royaume, et celui du Louvre tel qu'il est et tel qu'il sera peut-être lorsqu'on en aura fait une autre ville au milieu de Paris, et quand, du faîte des Tuileries, on pourra voir la barrière du

Trône. Je parcourus l'arsenal, où le peuple vint prendre des armes pour faire sur une poignée de vétérans la fameuse conquête de la Bastille. On ne me laissa point oublier ces petits jardins que de vieux guerriers cultivent de leurs mains victorieuses. Là, l'ennuyeuse uniformité et la triste symétrie ne viennent pas affliger les regards ; chacun divise son petit espace d'après son goût particulier. Le capitaine me fit entrer dans le sien. Assis avec lui sous une tonnelle, nous récapitulâmes gaîment les folies de notre jeunesse. Un rayon de soleil vint nous réchauffer, et nous rêvâmes un moment le printems de la vie et celui de la nature.

Comme nous allions sortir de l'hôtel, le capitaine me fit remarquer un groupe où le hasard avait rassemblé des invalides qui avaient combattu à des époques et dans des régions bien différentes. Deux octogénaires avaient été estropiés en 1759 au combat de Corback, où le maréchal de Broglie défit trente mille Hanovriens commandés par le prince de Brunswick ; un autre soldat avait perdu un bras à la bataille des Pyramides, un quatrième avait laissé une jambe sur les bords du Tage, et l'hiver de la Russie avait, non loin de Moscou, gelé les pieds du dernier.

Ma course matinale avait excité chez moi un appétit qui d'ordinaire ne s'éveillait pas si tôt, et je proposai au capitaine de déjeuner avec moi. Il n'accepta qu'à condition qu'il assisterait avant à quelques évolutions qui allaient se faire au Champ-de-Mars. Nous y vîmes manœuvrer deux régimens de cavalerie. J'admirais sans doute les mouvemens rapides des lanciers, dont le vent agitait les élégantes banderolles, et des cuirassiers, dont le soleil faisait étinceler l'armure; mais les énergiques réclamations de mon estomac me donnaient d'involontaires distractions. Le capitaine eut enfin pitié de moi, et me conduisit à *l'Ecu de France*, le *Rocher de Cancale* du Gros-Caillou. Là, comme aux *Marroniers de la Râpée*, la matelotte est de rigueur. Elle nous fut bientôt servie, et tout en l'arrosant d'un Châblis naturel, nous examinâmes un peu nos voisins, qui dînaient déjà quand nous déjeunions. Là un caporal invalide régalait son fils, maréchal-des-logis dans l'artillerie de la garde, et son neveu, fourrier d'infanterie. La plus franche cordialité régnait à cette table, où le souvenir et l'espoir se trouvaient réunis ; où, en écoutant le récit des exploits d'un vieillard, les jeunes gens rêvaient à des succès nouveaux.

Près d'eux, des marchands de bois parlaient d'affaires commerciales, le couteau à la main, buvant peu et souvent, et trinquant à chaque gorgée. Là aussi l'on paraissait du meilleur accord ; mais chacun semblait se tenir sur ses gardes, et je serais curieux de savoir lequel de ces messieurs a fini par attraper les autres.

— Nº XXXII. —

## LES ARTISTES.

—

>       Imitons, chers amis,
> Ces artistes fameux, ces illustres poètes,
> Du génie et du goût si dignes interprètes,
> Qui, de la vie humaine égayant le chemin,
> Marchaient tous à la gloire en se donnant la main.
>       COLLIN-D'HARLEVILLE, *les Artistes*.

ON cultive les arts en province ; mais les artistes sont à Paris. En province, on cherche de nobles délassemens, un remède contre l'uniformité des jours, et l'on obtient parfois des succès de société qui ne se répandent pas au delà du chef-lieu du département ou de la sous-préfecture, et même dont le faible murmure ne s'entend pas au delà des limites du chef-lieu de canton. Dans la capitale on cueille des palmes européennes ; on court après la fortune, et l'on arrive à l'Institut. Les artistes formaient jadis des corporations diverses ; maintenant ils ne présentent qu'un seul corps, nation insouciante, aimable, étourdie, un peu brouillée avec Plutus et consolée par la gloire de toutes les chances d'un destin rigoureux, prenant le tems comme il vient, croyant les hommes ce qu'ils devraient être, fière, et, dans la dépendance, gardant un caractère indépendant; prodigue dans l'abondance, généreuse jusque dans la détresse, amie de tout le monde, constamment fidèle à l'infidèle espérance, et conservant, au milieu d'une vie agitée de toutes les alternatives, le dépôt précieux de la gaîté française.

Il y a bien quelques ombres au tableau et des disparates inévitables partout où les hommes sont un peu nombreux. On a vu des jalousies, de petites perfidies, de l'amour-propre avec la médiocrité et de l'orgueil gâtant un talent remarquable. Les artistes en général ont beaucoup plus de défauts que de ridicules ; les figures de Callot se montrent peu à côté de l'Apollon du Belvédère. Wailly dit que l'artiste est celui qui cultive un art où concourent l'esprit et la main. Ce mot a reçu du dictionnaire de la révolution une extension prodigieuse ; les comédiens ordinaires du Roi se sont appelés artistes-sociétaires ou pensionnaires; les artisans se sont emparés de cette dénomination, qui a été ravalée jusqu'à ceux qui rendent l'éclat à une chaussure déshonorée par la boue, toujours abondante à Paris, malgré l'armée de balayeurs qui ne ne balaient pas, et que les innombrables constructions que l'on élève entretiendront sans doute tout l'été. Ce nom d'artiste paraissait au peuple beaucoup plus noble que celui de cordonnier, de serrurier et de peintre en bâtimens. Il est à remarquer que ce peuple qui, dans son fanatisme de liberté et d'égalité, faisait la guerre à toutes les distinctions, cherchait à les ressaisir pour lui-même, se couvrant de l'importance qu'il arrachait aux autres. Il ne ressemblait pas mal à ces sauvages qui, sans voiler leur nudité, se promènent fièrement avec une veste européenne galonnée, ou un lambeau d'écarlate obtenu par échange.

Les artistes n'ont point de rangs dans la société, et ils les ont tous. Chassés jadis de Sparte, ils sont en honneur à Paris; la civilisation les a rendus indispensables; ils sont inhérens à nos jouissances; nos sentimens les plus chers ont besoin de leurs prestiges; ils président à tous les événemens de notre vie ; ils sont les précurseurs et les échos de la victoire, embellissent de leurs chefs-d'œuvre le palais de nos rois, les temples de notre dieu, figurent dans les pompes sacrées ou mondaines, s'associent à l'historien et donnent aussi l'immortalité. Ils circulent dans le salon des grands et dans la modeste maison des bourgeois, obtiennent la bienveillance et la familiarité des premiers et l'amitié des seconds, surtout lorsqu'à des talens avoués ils joignent l'élégance des mœurs et la bonté du cœur qui en rehaussent le prix.

Quoique les artistes forment un peuple de frères, il y a de grandes inégalités dans la famille. L'opulence et la misère, la renommée et l'obscurité ne sont pas toujours ou la récompense du génie ou la punition de la médiocrité. Dans les arts, comme dans les autres professions, il y a le savoir-faire, le hasard si capricieux dans le choix de ses favoris, et cette fugitive occasion qu'il est si difficile de saisir. Un auteur anglais, en voyant un cimetière de village, s'écriait : « Il y avait peut-être là quelque général d'armée, quelque Thomas Morus ou quelque Milton! » en regardant l'habit râpé et le parapluie incomplet de ces pauvres maîtres de musique, véritables hommes de peine qui courent le cachet de la barrière du Trône à l'avenue de Neuilly, on pourrait dire : il y avait peut-être là un Grétry, un Lesueur, un Boïeldieu ; et tel qui n'a peint de sa vie que des enseignes, qui, par parenthèse, sont fort belles maintenant, aurait été un Gérard, un Girodet, si des circonstances amies eussent favorisé le développement de ses facultés. Qu'importe au public? il y aura toujours des compositeurs, des peintres et surtout des architectes ; quelques-uns sortiront de la foule et feront connaissance avec lui ; c'est sur ceux-là qu'il comptera pour ses jouissances, et il se dira comme l'optimiste, ou plutôt l'égoïste de Collin-d'Harleville :

Voyons celui qui gagne, et non celui qui perd.

Si les grands talens étaient plus nombreux, il en sentirait moins le mérite ; il userait son admiration en l'accordant à une multitude, et la satiété le conduirait à une indifférence totale ; les hommes sont ainsi faits, et la Providence, qui sait à qui elle a affaire, a décidé qu'en tout les bonnes et belles choses seraient rares. C'est ainsi qu'elle a voulu que la supériorité ne fût pas chez les artistes un privilége de famille. On peut prendre le magasin ou la boutique de ses parens; mais, dans les arts, n'est pas qui veut le successeur de son père. Une exception qui tient du prodige a lieu de nos jours. Un grand peintre du siècle dernier, qui, à ce qu'il paraît, aurait été partisan du droit d'aînesse, a transmis à son fils, et celui-ci au sien, un héritage de gloire qui n'a pas dépéri dans leurs mains. Le petit-fils a même ajouté à la succession, et son père peut s'écrier comme le vieil Horace :

O mon fils! ô ma joie! ô l'honneur de mes jours!

L'enfant des arts rapporte tout à celui qu'il cultive. C'est pour lui une idée fixe; c'est la grande, la seule affaire de sa vie ; comme Fougère de *l'Intrigue épistolaire*, il négligera ses intérêts, restera étranger au soin de sa fortune ; dans l'adversité, dans le danger même, il sera toujours artiste. J'ai connu un sculpteur célèbre qui, montant un jour à cheval pour la première fois, perdait à chaque instant les étriers; il tombe enfin, et son coursier, s'abattant sous lui, l'oppresse de tout son poids. Chacun effrayé vole au secours de l'élève de Phidias ; mais lui, respirant à peine, s'écrie: « Voyez donc comme nous sommes groupés ! »

Il existe parmi eux une confraternité touchante, une espèce d'assurance mutuelle qui les porte aux actions les plus nobles. Prudhon concourait pour le grand prix. Le peintre couronné devait être envoyé à Rome aux frais du gouvernement ; on avait, selon l'usage, enfermé les jeunes artistes dans des cellules que séparait une mince cloison. Prudhon achevait à peine son tableau, qu'il entend gémir son voisin qui se plaignait tout haut de la difficulté du sujet et de l'impossibilité où il était de s'en tirer avec honneur. Prudhon brise la cloison, s'empare des pinceaux de son rival, et lui fait, d'une main aussi prompte qu'habile, un tableau magnifique. Les juges s'assemblent : c'est l'ouvrage du voisin découragé qui réunit toutes les voix. Prudhon garde un généreux silence ; mais le jeune élève, honteux d'une couronne qu'il n'a pas méritée, déclare que le tableau appartient tout entier à son compétiteur. On force Prudhon à recevoir le prix, et ses camarades le portent en triomphe.

C'est peut-être parmi les comédiens que le

sort se plaît à établir les disparates les plus marquées. Les uns jouissent d'une honnête aisance ; l'insouciance et l'inconduite en précipitent d'autres dans la misère. A l'égard de ces derniers, je me rappelle un dialogue tragi-comique qui eut lieu devant moi. Thomassin, ancien acteur de la Comédie-Italienne, et petit-fils du fameux arlequin de ce nom, arrive un jour, portant un tableau sous le bras, chez le directeur d'un de nos petits théâtres, homme brusque, mais bon, et qui avait souvent essayé d'arracher Thomassin à la misère. « Voyons, que veux-tu encore ? — Mon ami, répond celui-ci en pleurant, mon cher ami, je t'apporte le portrait de mon grand-père. — A moi ? — Veux-tu m'acheter mon grand-père ? — Es-tu fou ? — Ma pauvre fille est morte cette nuit ; je n'ai pas de quoi la faire enterrer. — Comment ? il n'y a pas un mois que j'ai donné une représentation à ton bénéfice. — Vois donc ce portrait, il est en arlequin ; regarde comme il a l'air drôle. — Mais hier encore je t'ai remis..... — Tu ne veux pas m'acheter mon grand-père ? — Non. — Le célèbre Thomassin ? — Non ! non ! — Allons.... ma pauvre fille !.... Mon cher ami, veux-tu me donner un billet de comédie? »

Les anecdotes relatives aux artistes ne sauraient être indifférentes aux gens du monde, et l'observateur y trouverait une physionomie toute particulière, une foule de traits piquans qui décèlent leur caractère et la tournure de leur esprit. Leurs moindres actions empruntent des différens arts qu'ils professent une manière originale qui contraste avec les habitudes des autres classes de la société. Le malheur ne réclame jamais en vain leur secours; quelquefois ils préviennent la demande craintive de l'infortuné. Leurs talens sont toujours au service de l'être qui souffre : les incendiés de Salins, les frères Franconi, les braves et malheureux Hellènes, et les acteurs et employés de l'Ambigu-Comique, ont eu des actions de grâces à leur rendre; ils ont bien mérité de l'humanité. Il paraît que l'amour de leurs semblables enflamme leur imagination, anime leur verve. On a remarqué que, dans les représentations et les concerts dont le résultat était une bonne action, ils se sont surpassés eux-mêmes, et ont mis dans leur jeu ou dans leur exécution une perfection plus grande encore que lorsque la rétribution d'usage leur est destinée. Ainsi, les arts d'agrément, auxquels le penseur profond, le grave magistrat et le sévère moraliste n'accordent qu'un intérêt secondaire, et qu'ils regardent comme des frivolités, *difficiles nugœ*, consacrés à un si noble usage, se revêtent à leurs yeux de quelque importance, et s'ennoblissent des reflets de la bienfaisance.

Les artistes mettent souvent à faire le bien une grâce qui n'appartient qu'à eux. Quelques lecteurs ont oublié, d'autres n'ont peut-être jamais entendu parler de la jolie scène qui se passa il y déjà nombre d'années, et dont les acteurs étaient universellement connus. Les Champs-Elysées étaient couverts de promeneurs qu'avait attirés la fraîcheur d'une belle soirée d'été. Parmi eux étaient un pianiste déjà célèbre et un acteur charmant, l'honneur de l'Opéra-Comique, qui éclipsa tous ses devanciers, et qu'aucun de ses successeurs n'a pu faire oublier : sa jolie compagne complétait le trio. Ils s'arrêtèrent devant un vieillard qui, assis à un piano, déployait en vain tout son savoir-faire musical pour captiver l'attention des passans, et exciter leur générosité à répandre quelques dons dans une petite sébille de bois exposée aux regards. Les promeneurs, hélas! étaient sourds à l'harmonie du pauvre Amphyon; nos artistes étaient les seuls auditeurs : une inspiration subite leur vient en même tems. M. P*** glisse un écu dans la main du vieillard, et obtient sa place. Il prélude avec cette légèreté, ce fini d'exécution qui, dans nos salons, lui attirent encore à présent des applaudissemens unanimes. L'instrument n'était point sorti des ateliers d'Erard; mais l'habile pianiste trouve dans son génie et dans son enthousiasme de nouvelles ressources, et le piano du barde champêtre rend pour la première fois des sons dignes d'arriver à l'oreille des dieux. Les promeneurs, étonnés, s'arrêtent; la foule grossit. M. P*** se borne au rôle d'accompagnateur, et le brillant acteur chante avec son goût et sa méthode exquise; des bravos multipliés sont les garans des émotions qu'il fait naître, et la jolie dame, la sébille à la main, va quêter pour le vieillard. Chacun veut s'associer à cet acte de bienfaisance : l'aumône fut abondante; on dit même que, pendant quelque tems encore, le pauvre musicien fit de bonnes recettes, quoiqu'il exécutât lui-même. Voilà les artistes tels qu'ils devraient être tous, tels qu'ils sont pour la plupart. On peut en général compter sur leur délicatesse, et se fier à leur loyauté. Vivant sans cesse dans un monde idéal, ils sont moins en contact avec les petitesses et les intrigues de la vie réelle; leurs mœurs ont plus de bonhommie et de simplicité; ils aiment mieux leur famille. J'en connais deux surtout qui sont les modèles de la piété filiale.

Quel coup-d'œil varié présente l'atelier de l'un de nos Zeuxis modernes! Là règne l'égalité; là se voit le chaos; les rangs, les siècles, les costumes sont confondus; le beau idéal s'y mêle avec la copie bourgeoise d'une nature ordinaire; le portrait en pied d'un haut fonctionnaire en grand costume, chamarré de cordons, étincelant de plaques, est à côté de la Vénus pudique; une tête de mameluck auprès de Diane chasseresse; Turenne non loin de Potier; la continence de Scipion vis-à-vis d'une danseuse de l'Opéra. Çà et là des jeunes gens, le carton sur les genoux, dessinant sous divers aspects un modèle qui a le courage de conserver, pendant plusieurs heures, une immobilité complète; des masques, des fleurets, des cors de chasse, des fusils, un tambour, et dans un coin une belle dame élégamment drapée à qui un nouveau débarqué irait faire la révérence, et qui ne répondrait pas à sa politesse.

Les peintres sont les plus spirituels et les plus gais d'entre les artistes. Leurs mots piquans, leurs espiégleries, leurs sobriquets, feraient la fortune de vingt *ana*. L'imagination et la malice président tour à tour à leurs compositions; la main qui vient d'esquisser une scène du déluge, ou le gladiateur mourant, va tracer en *charge* la face de certain personnage dont il faut se venger. Le pinceau a des priviléges qui manquent aux autres arts; il supplée à la parole; il frappe en même tems les yeux et l'esprit. Je ne conçois guère une épigramme en musique, et je connais la puissance d'une caricature. Tous les dièzes et les bémols des maîtres de l'harmonie ne sauraient me présenter la critique des mœurs, et, dans les musées grotesques et les scènes populaires, quelques traits d'un crayon moral m'offrent la plaisante satire des travers, des passions et des ridicules.

Jadis les artistes partageaient avec les grands seigneurs et les autres notabilités sociales les honneurs d'un article nécrologique. Maintenant il n'y a plus de gloire à mourir ; on annonce la mort de tout le monde, et le public apprend que tel homme existait en lisant la nouvelle de son trépas ; mais l'amitié veille sur la tombe des artistes ; les arts qu'il a cultivés viennent lui rendre l'hommage de la reconnaissance, rappeler ses travaux d'une manière ingénieuse, et mêler leurs chefs-d'œuvre aux siens. Des rivaux viennent sans jalousie déposer sur ses ouvrages la couronne d'immortelles, à laquelle ils joignent le crêpe de la douleur. Naguère ils en ont orné tes statues, ô Charles Dupaty, toi qui as assez vécu pour la gloire, mais trop peu pour l'amitié ; la finesse et les agrémens de l'esprit étaient pour toi un héritage de famille ; mais ton talent n'appartenait qu'à toi. Tu laisses des monumens à la France et d'éternels regrets à tes amis.

## MA JOURNÉE.

— N° XXXIII. —

## MA JOURNÉE.

>Quel cercle, juste ciel! il paraît qu'aujourd'hui
>On a craint dans ce lieu de connaître l'ennui.
>Je comptais sur un thé, j'en risquais l'aventure,
>Et je trouve de plus bal, concert et lecture.
>. . . . . . . . . . . . . . . . . . .
>A minuit écoulé déjà succède une heure :
>Je vais, sans plus tarder, retrouver ma demeure.
>. . . . . . . . . . . . . . . . . . .
>Demain, pour mes amis, j'écrirai *ma journée*.
>
>VIGÉE.

JE suis persuadé, maintenant, que ce qui empêche la plupart des hommes de faire une infinité de choses n'est pas l'impossibilité d'exécuter, mais la crainte de commencer. On se fait un monstre de l'entreprise, et, à force de se dire qu'on n'en viendra jamais à bout, on y renonce avant d'essayer. J'ai voulu, et fortement voulu, en dépit de mes dix lustres, changer toutes mes habitudes, exercer mes jambes et mon esprit, braver la fatigue et l'inclémence des saisons ; les premiers momens ont été pénibles ; mon opiniâtreté a triomphé :

*Improbus.* *Labor omnia vincit*

Décidément je suis rajeuni ; ma gouvernante ne me reconnaît plus. Cependant ma nouvelle jeunesse n'allait pas jusqu'à glisser avec de légers patins sur la glace du canal de l'Ourcq. J'étais prudemment de la galerie, d'où je voyais à mon aise l'agilité des uns, la maladresse des autres, la chute de beaucoup. De brillans équipages, des cavalcades nombreuses, la cour et la ville, tout Paris était là. Des petites maîtresses parisiennes étaient venues braver les six degrés neuf dixièmes du thermomètre de Chevalier; mais le petit nez rouge qui se montrait au milieu d'une riche fourrure, témoignait le prix dont elles payaient les plaisirs du nord. Le besoin de se faire voir et l'incroyable entraînement de la mode leur donnent de l'intrépidité. Elles s'exposent à une température bien différente, lorsque, piétonnant dans cette ridicule promenade du boulevart de Coblentz, elles sont étouffées par la poussière et oppressées par la foule. Lenôtre a pourtant dessiné un assez beau jardin, près du palais de nos rois ; le Luxembourg a été agrandi ; le Jardin du Roi offre ses belles allées bordées d'arbres centenaires, et les sinuosités mystérieuses de son labyrinthe ; les Champs-Elysées ne méritent peut-être pas le nom mythologique dont on les a parés ; mais la beauté des édifices qui les environnent, les points de vue magnifiques qu'on y découvre, devraient les préserver de l'abandon. Tout cela, sans doute, a moins de charmes qu'une allée de douze pieds de large, coupée cinq à six fois par des entrées de rues, que traversent à toute heure des portefaix et des voitures, où l'on n'a pour verdure que les feuilles rares et poudreuses de quelques arbres d'une végétation équivoque, et où l'astre du soir est figuré par le gaz hydrogène du fanal de la rue Lepelletier.

Pour gagner de l'appétit, je voulus rentrer à Paris par le faubourg Saint-Antoine. Je n'y étais pas allé depuis plus de trente ans ; il n'était pas étonnant qu'en le traversant je me rappelasse les scènes effrayantes dont il fut souvent le théâtre.

C'est ici, me disais-je, que nos troubles ont commencé, d'ici que descendaient ces flots de révoltés qui allaient insulter la majesté royale. Maintenant le travail et la paix habitent ces lieux ; les figures n'y sont pas moins douces qu'ailleurs ; son industrieuse population paraît tout aussi étrangère aux idées séditieuses que l'était sans doute celle de 1789, avant que l'or et les instigations des méchans ne la soulevassent contre l'ordre et la monarchie.

Arrivé à la porte Saint-Antoine, qui, par parenthèse, n'y est plus, et sur la place où fut la Bastille, je cherchai de tous mes yeux la fontaine monumentale que doit décorer un gigantesque éléphant. Je ne pus en admirer que la cage qui se détruit lentement depuis une dizaine d'années. Rien n'égale notre promptitude à enfanter des projets, que notre lenteur à les exécuter.

C'était pour moi un jour de souvenir ; je m'arrêtai au milieu de la place de Grève et je reconnus, à l'angle d'une petite rue qui est presque vis-à-vis de l'Hôtel-de-Ville, cette lanterne fatale qui a joué un rôle si funeste à l'aurore de notre révolution. La maison à laquelle elle est attachée n'a subi aucun changement, on dirait que la lanterne est la même et qu'elle est restée là comme un acte d'accusation.

Cette vue et le lieu que je parcourais avaient rendu mes idées sombres ; je n'ai jamais traversé cette place sans y éprouver un sentiment d'horreur et de dégoût. Les anciens n'approchaient qu'en frissonnant du temple consacré aux Euménides. Je crois que je ne poserais pas volontairement mon pied sur les pavés que tant de sang a arrosés... Ils étaient criminels sans doute ; mais c'étaient des hommes, des malheureux que presque toujours un saint consolateur avaient réconciliés avec la Divinité. C'est là que s'est exhalé leur dernier soupir, et la mort, quelle que soit sa victime, est une chose si solennelle, qu'il me semble que l'endroit où elle frappe si souvent devrait être une enceinte triste, sacrée et éloignée de toute profanation. Ces lieux sanglans, dans le centre d'une population, ont à mes yeux quelque chose de barbare et qui n'est plus en rapport avec notre civilisation. Je n'examinerai pas si l'homme a le droit d'ôter la vie à son semblable, et je n'ai pas la prétention de réformer notre Code pénal ; mais je voudrais que le terrain où s'accomplissent les vengeances de la société fût hors des murs. Le citoyen que ses affaires appellent par la ville ne serait plus exposé à des rencontres malheureuses ; les magistrats que la loi désigne comme témoins de ses rigueurs, ne seraient suivis que de ceux qu'une curiosité cruelle conduirait vers cette scène terrible, et le beffroi annoncerait au reste du peuple le moment où le forfait serait expié. On sait que le législateur a voulu que la vue du châtiment fît une impression profonde sur les assistans et retînt, par la peur d'un traitement semblable, ceux pour qui les lois divines et humaines seraient impuissantes. Mais les tems sont changés ; soit que nos guerres civiles aient familiarisé le peuple avec l'image de la destruction, soit que le crime ait plus d'énergie, ou plutôt que la consolante idée d'une ame immortelle se soit attiédie chez certains hommes, un supplice n'est plus une leçon, c'est un spectacle.

Mais, si la tristesse nourrit l'âme, le corps a besoin d'alimens plus solides ; mon estomac, en me présentant sa requête, me fit souvenir que j'avais formé le projet de dîner chez un restaurateur. On disait autrefois que dans cette bonne ville de Tours, il y avait vingt pâtissiers contre un libraire ; je serais bien tenté de croire que, proportion gardée, il y a dans Paris plus de restaurateurs que dans aucune ville du royaume. Les jouissances gastronomiques sont tellement recherchées, qu'une foule de cafés usurpent maintenant sur les traiteurs et restaurateurs le droit de la côtelette et l'exploitation du *beéfteack*. Quelle différence entre les somptueux salons d'aujourd'hui et les modestes asiles où nos pères faisaient parfois une petite débauche, en cachette de la ménagère! Je rencontrai un jour un provincial débarqué de la veille, et je lui offris à dîner. En entrant avec moi chez l'un de nos fameux, il fut tellement ébloui de la magnificence du lieu, qu'il se mit à saluer à droite et à gauche les étrangers, qu'il prenait pour mes convives.

Assis dans un des salons de Grignon, un coup-d'œil m'eut bientôt appris quels personnages différens le hasard avait rassemblés autour de moi. A l'empressement des garçons, à l'énorme quantité de bouteilles qui élevaient sur la table leur tête cirée, je devinai des Anglais au dessert. Ils gardaient un silence majestueux ;

ils avaient l'air de s'écouter vivre, et si quelques idées traversaient leurs cerveaux britanniques, c'était sans doute une grave méditation sur nos vins de France, qu'ils buvaient fréquemment et à petites gorgées.

Vis-à-vis, quatre jeunes gens faisaient grande chère et grand bruit. Ce dîner était sans doute le résultat d'un pari qu'avait perdu le moins joyeux d'entre eux. La conversation était animée : de mauvais calembourgs et le récit de quelques bonnes fortunes amenaient de gros éclats de rire ; les femmes et la langue française étaient tour-à-tour immolées à la prétention de faire de l'effet.

A ma gauche, un gros monsieur, propriétaire d'une figure commune, appelait sans cesse les garçons, et commandait des truffes pour tous les plats. Il avait l'air si enchanté d'être au monde ce jour-là, que je conjecturai qu'un heureux événement venait de lui arriver. J'avais même deviné que la baisse des fonds publics avait favorisé ses spéculations, lorsqu'un de ses amis vint causer agréablement avec lui du tiers consolidé, des trois pour cent, de prime et de fin courant.

A ma droite, un vieux chevalier de Saint-Louis terminait par la modeste compote de pruneaux un dîner qu'avait ordonné une prudente économie. Il y avait de la propreté, mais plus que de la simplicité dans ses vêtemens. On eût dit que le mot *fidélité* était écrit sur son beau front calme et résigné. En attendant sa carte, il avait pris le *Drapeau blanc*, et il me semblait qu'il souriait à la devise de *vive le Roi! quand même*......, comme on accueille une ancienne connaissance.

J'avais reçu une invitation pour passer la soirée dans une des maisons les plus fréquentées de Paris; le billet finissait par ces mots : « Il y aura un violon. » Je revins m'habiller, et quoique, assurément, mon âge et mon caractère m'éloignassent de toute prétention, je mis quelque recherche dans mon ajustement ; j'étais presque à la mode. Par un reste d'habitude des anciens usages, je crus qu'à neuf heures il était tems de m'acheminer vers l'hôtel de \*\*\*. Certain qu'on ne ferait pas à mon cocher au chapeau luisant et à l'habit bleu Delavau l'honneur d'admettre sa voiture dans la cour, je descendis en dehors, et montai vers le premier au milieu d'une haie d'orangers, de citronniers et de thuyas. Lorsque j'entrai dans les premiers appartemens, les domestiques me regardèrent avec étonnement. Les salons n'étaient point éclairés. Monsieur était allé faire sa cour au ministre, et madame commençait sa toilette. Je n'avais aucun ami dans le quartier. Où aller jusqu'à ce qu'il fût décent de se présenter? J'aurais été plus sage de rentrer chez moi; mais j'étais lancé, je m'établis auprès du feu. On alluma. Un livre était près de la cheminée : *Philippe Auguste*. Je me mis à lire les beaux vers de M. Parseval de Grandmaison. Enchanté de ma bonne fortune, je ne m'aperçus pas de la marche du tems. Cependant quelques personnes arrivèrent, et, en l'absence des maîtres, je me vis forcé de faire les honneurs du salon, qui enfin se remplit et s'emplit tant, que je fus un quart d'heure emprisonné entre l'angle de la cheminée et le fauteuil où une grosse dame s'était établie : c'était un pêle-mêle admirable, un *rout* divin; c'était le parterre de nos théâtres quand on y était debout. On n'était pas certain, en avançant timidement le pied, de ne point heurter celui d'un voisin; un employé était pressé contre un conseiller d'Etat ; un petit avocat sur un président ; un journaliste étouffait un auteur ; un secrétaire-général coudoyait une excellence ; le désordre avait organisé l'égalité. Comment danser à travers cette cohue ? On l'essaya pourtant ; et une contredanse à vingt-quatre fut enclavée au milieu de la multitude. La danse suppose de la gaîté ; mais, chez la nation que l'on dit la plus gaie de l'Europe, rien n'est moins gai qu'un bal. Tous ces habits noirs, le sérieux avec lequel on *marche*, les contredanses, le mur vivant qui se place entre les danseurs et les banquettes, l'ennui de ceux et de celles qui font tapisserie, la difficulté des communications, une atmosphère brûlante ; voilà ce qui concourt à l'ivresse générale.

Une espèce de concert servit d'intermède à la danse. La fille de la maison exécuta une sonate éternelle, que les habitués du logis couvrirent d'applaudissemens. Vinrent ensuite les élèves du Conservatoire qui se destinent à l'Académie royale de Musique, et qui chantèrent à tue-tête pour donner un échantillon de leur talent. Hélas ! on ne les entendra que trop tôt crier à l'Opéra !

Depuis une demi-heure, je méditais mon passage dans un autre salon; je l'effectuai enfin à la sueur de mon corps et aux dépens de mon chapeau neuf, qui fut enfoncé. Il est du bon ton de le garder sans cesse à la main, usage très-commode quand on n'a pas de place pour soi.

J'y retrouvai une autre foule, mais dans une position différente. Au salon dansant, elle était perpendiculaire; ici, elle était presque horizontale, et au premier coup d'œil chacun avait l'air d'être étendu sur le dos d'un autre. On jouait à l'écarté, et les nombreux parieurs formaient de chaque côté une voûte sous laquelle étaient ensevelis les joueurs. Il devait y avoir beaucoup d'argent sur la table, à en juger par les conseils animés que chacun donnait au patient qui tenait les cartes. La victoire se décida pour le côté près duquel j'examinais le tableau. Des murmures s'élevèrent; le compte ne se trouva pas, et quelques-uns des gagnans perdirent leur enjeu. C'était la troisième fois que la chose arrivait dans la soirée, et pourtant M. de *** ne recevait chez lui que d'honnêtes gens; il est vrai qu'il y avait un tiers de ses amis dont il ne savait pas le nom. Je ne sais quel lieutenant de police avouait jadis que, sur vingt-cinq personnes réunies dans une bonne maison, il y avait un espion; j'ignore si ce calcul pourrait être fait de nos jours ; mais, à coup sûr, dans cette multitude de gens qu'on présente légèrement, et qui souvent se présentent eux-mêmes, il doit y avoir quelques industriels à qui le bien d'autrui cause des distractions involontaires.

Il était trois heures du matin ; ma pauvre gouvernante m'attendait ; je rentrai chez moi un peu fatigué de ma journée, mais prêt à recommencer pour mon plaisir et celui de qui il appartiendra.

— N° XXXIV. —

## MÉMOIRES

D'UN COCHER DE FIACRE.

>   Chaque instant voit éclore un nouveau La Bruyère;
>   On observe partout, chacun à sa manière;
>   L'écrivain qui griffonne en l'étroit cabinet
>   Des bonnes du quartier le pudique secret,
>   L'officieux du coin qui, tant que le jour dure,
>   Vous offre les talens d'Hercule ou de Mercure,
>   L'honnête fournisseur qui vend si bon marché,
>   Le Phaéton discret, sur son siége perché,
>   Qui vous loûra son fouet, ses rosses et son zèle,
>   Tous braqueront sur vous la lunette fidele;
>   Un maître, à se cacher fût-il le plus expert,
>   Trouve dans un valet un censeur qui le sert.
>                             *Poëme inédit.*

Il y avait au fond de la cour de la maison où je demeure un honnête cocher de fiacre, à qui le propriétaire avait loué une écurie et un petit taudis, malgré les réclamations de vingt locataires, surtout de la dame de l'entresol, dont la chambre à coucher était au dessus de la porte cochère, et qui prétendait qu'elle ne pouvait dormir. Aussi avait-elle pris l'habitude de ne se coucher que lorsque la voiture rentrait, et pour qu'elle s'ennuyât moins, un voisin complaisant restait chaque soir avec elle jusqu'à ce que le roulement du carrosse lui donnât le signal de la retraite. Or, il courait sur ce cocher les bruits les plus singuliers ; les uns disaient que c'était un homme comme il faut déguisé ; d'autres, qu'il était payé par un monsieur fort curieux qui se mêle des affaires de tout le monde, pour tout voir, tout écouter dans cette bonne ville de Paris, et faire ensuite ses confidences aux sub-délégués du monsieur. Enfin tous les Rigolots * du quartier s'épuisaient en conjectures. A vrai dire, le Phaéton du public paraissait un homme au dessus de son état ; il était poli, parlait peu, ne jurait point et n'allait jamais au cabaret. Je l'avais souvent aperçu sur la place ; presque toujours il lisait ou crayonnait sur son siége, en attendant la pratique. Plusieurs fois je m'étais fait conduire par lui, et l'à-propos et le laconisme

* Personnage d'une comédie de Picard.

de ses réponses avaient piqué ma curiosité. Un jour il avait oublié son livre sur un des coussins; c'était *Gilblas*. Le pauvre homme avait payé le mois dernier tribut à la nature. Le surlendemain de sa mort, le prêtre qui l'avait assisté à ses derniers momens, vint chez moi. Jugez de mon étonnement, lorsqu'il m'apprit que j'étais un des légataires du cocher. Voici son testament dont le vénérable ecclésiastique avait fait une copie pour moi.

« Je n'ai ni famille ni amis, et je puis disposer à ma fantaisie du peu que j'ai. Je prie M. l'abbé Leblanc de vouloir bien être mon exécuteur testamentaire. Il trouvera dans mon armoire, au fond d'un sac à avoine, onze cents quatre-vingt-sept francs. Une partie de cette somme paiera les frais du convoi le plus humble; le reste sera distribué aux pauvres.

» Je lègue au nommé Gaspard ma voiture, mes chevaux et mes fourrages; il y en a pour deux mois. Je n'ai parlé de ma vie à ce Gaspard, mais je l'ai étudié; il est malheureux chez son maître; il est fort honnête garçon, et a bien soin des chevaux; je lui recommande les miens. J'ai toujours eu la manie de réfléchir sur ce que je voyais et je crayonnais mes observations. Je sais que mon voisin du quatrième, M. \*\*\*, se mêle d'écrire dans un journal; je lui lègue mes manuscrits pour en faire des articles ou autre chose; je me suis amusé en les griffonnant ; ce n'est pas une raison pour qu'ils amusent les autres.

» *Signé* Pierre Brocard.

» Pour copie conforme :

» Leblanc, vicaire. »

Je parcourus les feuilles qui m'avaient été remises, et je vis une orthographe assez passable, moins équivoque à coup sûr que celle de quelques vaudevillistes de ma connaissance et de certaines actrices de la Comédie française, qui ont le courage d'écrire leurs bulletins au comité de lecture. Pierre Brocard, en véritable héros de roman, donnait quelques détails sur ses premières années. Ses parens avaient fait des sacrifices pour son éducation ; mais, paresseux comme un employé de ministère, il fallait que la nature lui eût donné une grande facilité, pour qu'il lui fût resté quelque chose de tout ce qu'on avait essayé de lui apprendre. Il y a beaucoup d'honnêtes gens qui ont une réputation et ne sont guère plus savans que Brocard ; ils connaissent de nom et par ouï dire la plupart des choses d'ici bas ; le hasard et l'audace font le reste. Il y a des bonnes fortunes qu'on n'expliquera jamais. Cependant la révolution poursuivait ses brillantes destinées ; nous avions l'Europe sur les bras et quatorze armées à peupler de héros. La première réquisition force Brocard d'aller, au nom de l'unité, de la fraternité et de l'indivisibilité, apprendre aux soldats de la tyrannie à respecter les garçons philosophes qui avaient reconnu l'Etre suprême et l'immortalité de l'ame : il fut employé dans les charrois. Il était jeune et d'une figure avenante. La jolie femme d'un fournisseur l'associa à son mari pour quelques remontes de cavalerie ; il devint riche ; la fortune le rendit à la paresse et aux plaisirs ; il eut beaucoup d'amis. Mais les années arrivèrent ; la fortune s'en alla ; les amis firent comme elle. Il sollicita une place ; des protecteurs le bercèrent d'illusions ; il essaya de se remettre aux affaires ; il n'était plus jeune ; les épouses des fournisseurs ne lui proposèrent plus d'association ; son premier métier lui avait laissé quelques notions utiles ; il recueillit les débris de sa splendeur, acheta une voiture et des chevaux. Après avoir adressé à M. le préfet de police une pétition apostillée par les députés de son département, moyennant quelques petites formalités financières, une patente et un numéro, il fut attaché au service du public.

Le siége d'un fiacre est un observatoire d'où l'on peut voir bien des choses. Pour peu qu'on ait reçu du ciel la faculté d'examiner et de tirer des conséquences de son exâmen, du haut de ce poste éminent on peut découvrir des causes et des effets dont ne se doutera jamais le moraliste qui peint le monde au coin du feu. Conduit dans tous les quartiers par le hasard de ses courses, stationnant sur toutes les places et quelquefois plus qu'il ne voudrait, un cocher observateur fait successivement connaissance avec les habitans de Paris, remarque les allures de chacun, et peut deviner le secret de bien des familles. Placé à la hauteur des entresols et parfois même des premiers dans certaines rues, il est le témoin de tableaux forts piquans, et pourrait, au besoin, donner des notes sur la fidélité des femmes, la vertu des filles et la probité des hommes.

Les événemens romanesques, les aventures mystérieuses où il peut être appelé à jouer un rôle muet peuvent donner carrière à son imagination.

La première note que je trouvai dans le journal de Brocard est dans cette cathégorie. « Il y avait quinze jours, dit-il, que j'avais commencé à faire claquer mon fouet ; je n'avais encore fait que des courses insignifiantes, mené des plaideurs au Palais, des solliciteurs au ministère, et des familles au spectacle. Je n'avais pu trouver matière à la plus petite observation. Un matin je m'apprêtais à me rendre sur la place, lorsqu'un homme de bonne mine entre dans notre cour, examine mes chevaux et moi, et me fait signe de le suivre sous un hangar. « J'arrête votre voiture pendant un mois, me dit-il, à condition que jour et nuit elle sera en dehors de votre porte à ma disposition. Il y a mille francs dans cette bourse ; cela vous convient-il ? » Le marché fut bientôt fait ; je louai des chevaux et un cocher pour me remplacer le jour ; je me réservai la nuit, persuadé que ce serait dans l'ombre, ainsi que dans les romans, qu'on mettrait à fin quelque aventure extraordinaire dont je serais le témoin obligé. Pour la vingtième fois je venais de relever mon camarade ; minuit sonnait à toutes les églises de la capitale ; l'inconnu paraît, enveloppé d'un manteau sous lequel il cachait quelque chose d'assez gros. « A la Bourbe, ventre à terre, s'écrie-t-il en se jetant dans ma voiture. » Mes chevaux volent ; mon homme entre dans l'hospice avec son paquet, et quelques minutes après ressort, portant toujours quelque chose sous son manteau. Arrivés au carrefour Bussy, il me fait arrêter, me déclare que désormais il n'a plus besoin de ma voiture, me met deux louis dans la main et disparaît\*. »

Brocard n'avait tracé aucune conjecture à la suite de cette note ; il est sage d'imiter son silence. Le lecteur peut chercher le mot de l'énigme. Peut-être lui et moi avons rencontré dans le monde, sous les dehors brillans de l'opulence, et paré d'un nom recommandable, l'être qui sans doute revint dans la voiture de mon cocher. Eh bien ! ne voilà-t-il pas une conjecture ? Au reste, cette anecdote pourrait être l'avant-scène d'un mélodrame, et je la donne de bon cœur

---

\* Historique.

aux illustres fournisseurs des théâtres des boulevarts.

« Rien, continue Pierre Brocard dans la note suivante, rien n'est si varié et n'est sujet à autant de vicissitudes que la vie d'un cocher de fiacre ; tantôt payé généreusement par le parrain d'un enfant que je conduis à l'église, tantôt attrapé par un élégant qui, après m'avoir fait courir dans des quartiers opposés, m'arrête à la porte d'un passage ; maudissant le beau tems, faisant des vœux pour la pluie, soufflant dans mes doigts ou accablé par la chaleur, aujourd'hui le gros bouquet de noce à la boutonnière, demain suivant au petit pas un char funéraire, conduisant de cabaret en cabaret des conscrits au chapeau garni de rubans, qui chantent à tue-tête, quel que soit leur numéro, ou de tristes arlequins et de grossières poissardes qui, du haut de mon impériale, font rougir les passans; menant vers la maison du Seigneur de graves et pieuses personnes, et au bal cinq ou six étourdis qui se cotisent pour payer ma course ; ayant affaire à la bonne et à la mauvaise compagnie, et ami de tout le monde, excepté des gendarmes, avec qui je me querelle à toutes les fêtes publiques, et régulièrement tous les soirs à la sortie du spectacle, attendu qu'il n'est permis à la petite propriété de monter en voiture que lorsque la grande est arrivée chez elle : voilà le train de mon existence sur le pavé de Paris.

» Il m'est arrivé la semaine dernière une aventure tragique : un gros monsieur fort replet, donnant le bras à une dame voilée, monte avec elle dans ma voiture ; je demande où il faut aller : « Où tu voudras, » me répond-on ; et l'on me glisse dans la main deux pièces de cent sous. J'étais en tête ; il fallait marcher. Tout en prenant au hasard le premier chemin, je réfléchissais à cette bizarre fantaisie de se promener dans les rues bruyantes d'une grande ville. Il y avait au moins une heure et demie que je roulais, lorsqu'un embarras me fit faire une pause. En retournant la tête pour regarder la file des carrosses que j'arrêtais, je vois une de mes portières ouvertes ; je descends pour la refermer ; l'un de mes promeneurs avait disparu : le gros monsieur restait. Il avait l'air de dormir. Comme on ne se promène pas quand on dort, je range ma voiture près des maisons, et j'attends qu'il lui plaise de donner signe de vie. Cependant, malgré la patience, qui est une des vertus de notre état, je me détermine à l'éveiller....... Hélas! il dormait du sommeil éternel. Je crie au secours; les curieux nous entourent : quatre docteurs se trouvent dans la foule; il y aura bientôt à Paris plus de médecins que de malades! Ils déclarent que c'était ce qu'on appelait autrefois une mort subite, et que l'on nomme maintenant une apoplexie foudroyante. Nous allons chez le commissaire de police; on reçoit ma déclaration, on verbalise; on m'ordonne de ramener le promeneur défunt à sa demeure, dont on avait trouvé l'adresse sur lui. Nous arrivons; la nouvelle veuve paraît; je m'attends à des scènes de désolation; mais les femmes ont quelquefois une force d'âme dont notre sexe devrait être jaloux. Celle-ci se rend tellement maîtresse de sa douleur, qu'elle me force, quoique j'affirme que je suis payé, de prendre un pour-boire aussi honnête que si je lui eusse apporté une bonne nouvelle.

» Voici la dixième fois dans le mois que le même domestique vient me prendre sur la place. Il me conduit près des murs du jardin de l'hôtel de ***; une petite porte s'ouvre; une dame d'un certain âge entre dans ma voiture; le valet grimpe derrière, et c'est de là qu'il m'indique les rues où je dois me rendre, et les maisons où il faut m'arrêter. Ces maisons ont presque toutes des allées; il paraît que la dame ne visite pas toujours le grand monde. Le valet est mystérieux. Je ne lui ai pas encore fait une question; c'est peut-être pour cela qu'il me choisit. Mais il est si facile de deviner! Les bonnes actions sont comme la plupart des fleurs; elles ont beau être cachées, leur parfum les trahit (je crois avoir lu cela quelque part). Les visites terminées, je retourne à la petite porte, où l'on me paie strictement aux termes de l'ordonnance. La dame a raison; ce serait voler les malheureux!... Si elle me le permettait, je la conduirais pour rien.

» O mes pauvres chevaux, quelle journée fatigante pour vous! Je venais de voiturer au n° 113 de nombreux sacs d'argent; en passant devant un bureau de loterie, j'aperçois une foule hébétée qui attachait ses regards sur un carton où trois énormes numéros étaient entourés de rosettes et de rubans. Une aigre clarinette, un violon discordant et une grosse caisse formaient un charivari que ne pouvaient étouffer ni les cris des marchands ambulans, ni le bruit des voitures, ni même le tambour de la garde montante. Tout à coup un jeune homme s'élance du bureau, me demande si je suis loué, et, sur ma réponse négative, m'arrête pour le reste de la journée. Il me donne une adresse. Pendant le chemin, il chantait à gorge déployée, ou mettait la tête à la portière pour crier à tous les passans qu'il venait de gagner un terne. Il était ivre de bonheur. Nous ramassons cinq à six amis ; ils s'entassent dans ma voiture. Mon homme descend chez des changeurs, des bijoutiers, des horlogers ; les amis sont fournis de montres : c'est une aubaine pour tout le monde. Cinq heures les attirent au Palais-Royal, et me voilà à la porte des Frères-Provençaux. Le dîner se prolonge ; un garçon restaurateur m'est envoyé pour veiller à ma voiture, et l'on m'invite à monter. On me fait boire à la santé du gagnant des vins délicieux, de ces vins que, du tems de ma splendeur, je faisais boire aux autres. Les amis s'en donnent à cœur joie, et je suis obligé de les conduire chez eux. Le gagnant s'était plus modéré qu'eux ; mais une ivresse plus dangereuse s'était emparée de lui : il me fait aller à ce fatal n° 113. J'étais bien tenté de l'empêcher d'y entrer; mais il ne faut jamais se mêler des affaires des autres : il y a du danger à rendre service à de certaines gens. Deux heures après, je le vois descendre ; il ne pensait plus à moi. Je l'appelle, il vient : l'altération de ses traits m'annonce que le gouffre a englouti sa proie. « Où faut-il vous mener? — Où?... au faubourg Saint-Germain. » Nous étions sur le Pont-Royal; il me fait arrêter, il cherche dans ses poches. « Monsieur oublie qu'il ne doit rien. — Ah! c'est vrai; adieu. » Mais je le suis, et j'ai le bonheur de le saisir par l'habit au moment où il allait faire la dernière sottise.

» La vanité a été pour moi la chose la plus divertissante. Chez les grands, tant de préjugés l'excusent! mais, chez les petits, elle conserve tout le comique que fait naître l'envie de briller avec l'insuffisance des moyens et la manière d'être des originaux. Je viens de Longchamp, c'est-à-dire des Champs-Elysées, où je traînais un petit bourgeois, sa femme, sa sœur et ses trois filles. Le hasard m'a mis long-tems derrière le brillant équipage d'un ambassadeur. Les spectateurs nous ont prodigué les huées, malgré la plaque que j'avais complaisamment posée sur mon écusson. J'avais la malice de les encourager du geste et de la voix. « Sifflez, leur disais-je tout bas, sifflez, mes amis : le ridicule est de bonne prise chez les Français. »

— N° XXXV. —

## LES THÉATRES.

*Omnia tempus edax depascitur, omnia carpit;*
*Omnia sede movet; nil sinit esse diu.*
SÉNÈQUE.

L'épine suit la rose, et ceux qui sont contens
Ne le sont pas long-tems.
MALHERBE, *Stance IV*.

PANEM *et circenses*; avec ces deux mots magiques, les consuls et les tribuns du peuple faisaient ce qu'ils voulaient de la reine des nations. Abondance et plaisir est aussi la devise des Français, qui ressemblent beaucoup aux enfans de Romulus, sous ce rapport. Il paraît que nous étions si fiers d'avoir quelques points de contact avec ses grands citoyens, que nous avons essayé de rendre la similitude plus complète, en parodiant leur république; Cicéron déguenillé, Brutus en sabots et Gracchus en carmagnole jouaient les rôles des maîtres du monde ; ils ne criaient pas : *Panem et circenses*, attendu qu'ils ne savaient pas la langue des gens dont ils avaient pris les noms, et que la première de ces nécessités était fort rare. Le souverain mourait de faim ; mais les jeux du cirque n'étaient point interrompus. Jamais même ils n'avaient été aussi suivis. Le spectacle consolait de tout, et chaque soir le parterre et les loges se remplissaient de tous ces rois qui n'avaient pas dîné. Cet étourdissement général était monté jusqu'aux classes distinguées de la ci-devant société. Personne n'était propriétaire certain de vingt-quatre heures d'existence ; en ne comptant pas sur le lendemain, on se réjouissait la veille. Il y eut même un bal d'abonnés ; et, pour figurer sur cette liste, il fallait avoir eu un parent mort sur l'échafaud ; un jugement du tribunal révolutionnaire ouvrait les portes du temple de la folie, et une condamnation à mort donnait droit à un rigodon. Cela s'appelait *le bal des victimes*, mots tout étonnés de se trouver si voisins, et qui invitent le philosophe à prononcer entre une légèreté caractéristique et la stoïcité la plus courageuse.

Mais lorsque, fatigué d'être acteur, le peuple rentra dans les coulisses, en cessant de nous déguiser en Romains, nous en avons conservé le goût des spectacles. Il faut avouer que l'on pourvoit magnifiquement à nos besoins. Depuis l'Académie royale de Musique, jusqu'au Théâtre de M. Comte, il y a treize salles de comédie ouvertes aux grands et aux petits enfans, sans compter les cafés où deux seuls acteurs peuvent paraître à la fois, les quatre petits théâtres *extrà muros* de Séveste, et les marionnettes de l'immortel Séraphin, qui existe depuis des siècles, et qui, semblable au phénix, renaît sans cesse de ses cendres. Il faudrait avoir bien envie de s'ennuyer, lorsque, dans la soirée, on a le choix d'aller entendre chanter la tragédie au Tréâtre-Français et à l'Opéra, l'opéra-comique à Feydeau et à l'Odéon, le vaudeville partout; lorsque Thalie vous appelle rue de Richelieu et quelquefois encore au faubourg Saint-Germain, et que les tréteaux des boulevarts vous offrent leurs tyrans, leurs niais, leurs grands sentimens et leurs ballets.

J'ai consacré toute la semaine dernière à la revue de nos théâtres; je suis entré dans tous;

mais, ne voulant y mettre que sept jours et m'étant condamné à en voir treize, j'en ai doublé plusieurs. En effet, qui a vu l'Ambigu, d'avance a vu la Gaîté; là comme ici les mêmes crimes et les mêmes niaiseries, les grosses invraisemblances, les longues sentences qu'un asthmatique ne pourrait essayer de prononcer sans danger de mourir avant la première virgule et qui font pâmer d'aise les grisettes, les cuisinières du Marais et les garçons de bureau des droits-réunis; parfois aussi la bonne compagnie, complice de ces absurdités, vient prendre sa part d'un spectacle qui n'est destiné qu'au peuple. Autrefois, Nicolet et Audinot avaient l'entreprise des plaisirs populaires. On riait alors. Je me rappelle qu'une certaine pièce, intitulée *la Cacophonie*, divertissait beaucoup; maintenant on s'amuse à sanglotter; le cauchemar est le *nec plus ultrà* des jouissances; il semble qu'en introduisant le mélodrame en France, on ait voulu perpétuer dans une certaine classe les émotions fortes auxquelles la révolution l'avait accoutumée. La dépréciation du papier-monnaie a contribué sans doute aussi à établir ce genre; long-tems le prix des places est resté le même quoique le signe monétaire devînt plus fictif de jour en jour ; le peuple, en échangeant quelques pièces métalliques contre des assignats, ne déposait dans la caisse du théâtre que la sixième, parfois la vingtième partie du prix réel, et toute une famille jouissait du spectacle avec la somme qui jadis n'eût payé qu'une entrée personnelle. De là l'habitude de choisir ce passe-tems ; en assistant fréquemment aux représentations, il se familiarisait avec les ressorts dramatiques, s'initiait presque aux mystères de la composition. Moins susceptible d'illusion, il a fallu des combinaisons nouvelles pour l'émouvoir et l'on a adopté le gigantesque, l'extravagant et tout l'attirail d'une nature fausse. Les acteurs humains ne suffisant plus au génie des mélodramaturges, les animaux furent appelés sur la scène ; l'homme lui-même leur fit l'honneur d'emprunter leurs traits, et le singe du Brésil atteignit le sublime du genre. Comme il ne saurait s'élever plus haut, ses partisans craignent qu'il ne soit obligé de rétrograder, et les gens de goût espèrent que c'est le commencement de la fin.

Je demande bien humblement pardon à l'Opéra de ne lui avoir rendu visite qu'après avoir vu ses tributaires. Mais il s'en est bien vengé en me donnant sa *Lampe-merveilleuse*. J'eus de la peine à reconnaître cette histoire d'Aladin qui m'avait fait tant de plaisir dans les *Mille et une Nuits*; j'avais mal choisi mon jour pour les paroles et je me consolai en pensant que *la Vestale* était encore au répertoire. Ce théâtre est généralement plus fait pour les yeux que pour les oreilles. La perfection de la danse et la magie des décorations le rendent encore digne de son fondateur, le grand Louis XIV, qu'il faut retrouver partout où la grandeur et la magnificence ont créé nos monumens. Quelque difficile qu'il doive être de gouverner les nations chantante et dansante, ce grand empire lyrique a mille fois tenté l'audace des spéculateurs; les journaux, il y a quelques mois, annonçaient sa mise en régie ; on désignait même les souverains futurs du pays des féeries ; mais celui qui tient le sceptre n'avait nulle envie d'abdiquer. Cette nouvelle était renouvelée de 1776, époque où plusieurs compagnies se présentèrent. On raconte que le fameux Saint-Georges était à la tête de l'une d'elles. Les célèbres demoiselles

Arnoud, Guimard et autres, présentèrent au Roi un placet dans lequel elles disaient que leur délicatesse et leur conscience ne leur permettraient jamais de recevoir la loi d'un mulâtre. Il est à présumer que dans ce tems-là on n'aurait pas été disposé à reconnaître l'indépendance de Saint-Domingue.

Que de souvenirs m'attendaient chez les comédiens du Roi! Chaque rôle de cette immortelle Iphigénie me rappelait l'acteur ou l'actrice qui m'avait causé de si douces émotions; j'entendais encore le son de sa voix, je voyais ses gestes. Il fallut toute ma sagesse pour que le plaisir passé ne vînt pas gâter le plaisir présent, et je mêlai de bonne grâce mes applaudissemens à ceux que la foule enivrée prodiguait à Talma. En effet, juger un acteur par comparaison est une injustice, si ce n'est une inconséquence. L'art de la déclamation a-t-il des règles invariables, et la différence que la nature a mise entre les hommes leur permet-elle une identité parfaite? Les copies, d'ailleurs, sont rarement dignes de notre estime. Et puis que reste-t-il de ces modèles? quelques vieux témoins comme moi, perdus dans une foule de jeunes specta-

teurs, qui seraient tentés de nous appeler rado-
teurs, si l'urbanité française leur permettait de
se moquer d'un vieillard. Il est cependant de ces
amateurs incorrigibles qui, à la chute de la
toile, suivent l'acteur dans sa loge, et, tandis
qu'Achille dépose sur une ottomane le glaive
qui a fait mourir Hector, ou qu'un valet détache
le cothurne d'un talon que Pâris a percé, armés
de leurs vieilles traditions, et citant tous les
noms célèbres, ils m'apprennent à quelle hauteur Le Kain élevait le bras, en disant tel vers,
quelle intonation Brizard donnait à tel autre ;
et, joignant l'exemple au précepte, ils jouent la
comédie au comédien.

Quelle que fut cependant ma veine d'indulgence, malgré la figure depuis si long-tems jolie
de la fille d'Agamemnon et la douloureuse voix de
Clytemnestre, je ne pus m'empêcher de m'a-
percevoir qu'il n'y avait qu'Achille dans toute
la pièce. Un grand talent rapetisse les autres
de toute la hauteur du sien. Quand Talma ne
sera plus au théâtre, la disparate cessera ; une
douce médiocrité rétablira l'équilibre, et le parterre s'y accoutumera, en attendant mieux. Il
vivra petitement. Hélas! dans les beaux tems de

la Comédie-Française, j'ai vu ce parterre prodigue et capricieux comme certains riches. Le récit d'Ulysse me rappela un souvenir de ma jeunesse. Après avoir été injustement sifflé, Larive quitta le théâtre. Quelques jours après sa retraite, il prit fantaisie à quelques spectateurs de demander Larive ; d'autres s'y opposèrent ; et, lorsqu'ils entendirent cet hémistiche : *La rive au loin gémit*, ils en firent à l'acteur disgracié une grossière application.

Thalie nous offrit ensuite sa favorite, son *diamant*. Ma mémoire n'eut rien à faire contre elle. Le charme de son jeu dans un rôle d'ingénue, les dons physiques que la nature lui a départis avec tant de largesse, et que le tems semble n'avoir pas outragés, me rendirent enthousiaste comme un jeune homme, et je défiai mentalement tous les apologistes des anciens jours de citer une actrice plus parfaite. Des gens qui ne font jamais un éloge sans restriction ont dit que mademoiselle Mars n'avait de talent que dans les rôles de petites filles ; il paraît cependant qu'elle est bien placée dans les pièces de Molière, et un de mes amis raconte pour le prouver une anecdote peu connue. Mademoiselle

Mars venait de faire Elmire ; chacun la complimentait sur la manière dont elle avait rendu les scènes délicates : « Et vous, mon ami, dit-elle à Fleury, qui venait de jouer Tartufe? — Ah! ma chère, répondit cet acteur, quand j'ai dû vous dire

» Je tâte votre habit, l'étoffe en est moëlleuse,

vous étiez si honnête que je n'ai pas osé vous toucher. »

C'était le jour des bouffons ; j'avais accepté une place dans une loge à l'année. J'entrais à ce théâtre pour la première fois. Je fus enchanté du coup d'œil que m'offrait un double rang de beautés qui rivalisaient entre elles de parure et de grâces. C'est sans doute là que se rendent les dessinateurs du *Journal des modes* pour nous donner chaque semaine leur petit muséum de jolies femmes et de jolis costumes. Il me sembla que le spectacle le plus intéressant devait être dans la salle, et j'attendis patiemment celui qui était annoncé sur le théâtre. Le silence le plus profond succéda aux murmures confus de l'assemblée ; l'ouverture fut exécutée avec une rare précision, et la toile se leva. J'écoutai avec la

## LES THÉATRES.

plus grande attention, et, pour comprendre la pièce, je ne voulus pas perdre un mot du récitatif. J'étais peut-être le seul, à en juger par les conversations particulières qui s'établissaient, et les visites qu'on se faisait de loge à loge dans l'intervalle des ariettes. Mais quoique l'italien me soit assez familier, je ne pus me rendre compte des entrées et des sorties des acteurs, des changemens de décoration. Accoutumé à nos jolis opéras comiques, je voulais trouver dans ce chaos de scènes un plan et des situations. J'entendais bien de tems en tems des voix ravissantes et des ariettes pleines de mélodie, mais je cherchais toujours une action dans la pièce, et une expression dramatique dans la musique. Je me résignai à n'écouter qu'un concert. Je le trouvai un peu trop long, et tandis que plusieurs personnes, qui ne savaient ni une note de musique, ni un mot d'italien, criaient autour de moi *bravo* et *brava*, je m'en voulais de ne pas me sentir électrisé comme tous ces honnêtes gens. Je prétextai une indisposition, et courus à Feydeau pour voir une pièce. Mais, hélas! la musique italienne m'y suivit. La mode, cette éternelle ennemie de la nature, avait établi un divorce continuel entre les idées et les accens ; ici un duo qui ressemblait à une leçon de solfége ; là une romance gâtée par des ornemens qui en faisaient un contresens, et pas une phrase à loger dans sa mémoire et à fredonner en rentrant au logis. O Grétry, Méhul, Dalayrac ! ô Français, mes amis, qu'a-t-on fait de votre succession ?

Il me restait à voir les trois théâtres de vaudeville ; car l'essai que je venais de faire des canevas italiens ne m'engageait pas à traverser les ponts pour voir des canevas allemands, et entendre les vers barbares où l'on enchérit sur le galimathias rimé de Sedaine. Thalie et Melpomène ont à peu près déserté le faubourg Saint-Germain, et l'Odéon, qui devait être la succursale du Théâtre-Français, n'est plus guère que celle de l'Opéra et de Feydeau. Je m'acheminai donc vers de Théâtre de MADAME ; j'y vis quatre pièces fort jolies ; mais je leur trouvais un air de parenté dont je ne pouvais me rendre compte. Le mystère s'expliqua lorsque je sus qu'elles étaient du même fournisseur ; on m'apprit que la veille on en avait donné quatre de la même fabrique, que le lendemain on en verrait autant ; j'admirai cette rare fécondité, ou plutôt ce phénomène d'entreprise littéraire.

Le lendemain me vit aux Variétés : c'est là que brillent les successeurs de Vadé, là qu'une gaîté peu scrupuleuse accueille et l'équivoque triviale et le tableau populaire, dont l'art n'a pas daigné draper la nudité. Quelques pièces d'un genre plus délicat apparaissent de tems en tems comme une préface élégante qu'on mettrait en tête d'un ouvrage médiocre. Aucun théâtre ne pourrait offrir une réunion plus complète de bons acteurs, un ensemble plus parfait. J'y cherchai vainement cet excellent comédien qui donnait à chaque personnage une physionomie différente et qui exploitait au profit de son talent jusqu'aux disgrâces de la nature. Potier venait de faire une retraite prématurée. Plus sage que tant de vétérans de la scène française, il n'a pas attendu que le public le quittât. Il a eu la coquetterie de nous laisser des regrets.

J'avais gardé le théâtre de la rue de Chartres pour le dernier ; je n'avais pas oublié qu'en 1792 MM. Piis et Barré ressuscitèrent le premier né de la gaîté française. Le petit Vaudeville revint au monde avec plus d'esprit encore et de malice qu'il n'en avait eu jadis. Sa morale en couplets en valait bien une autre :

> Savant discours, très-bon à lire,
> Souvent dit moins qu'une chanson.

Je me rappelais aussi que s'il était le plus gai des Parisiens il n'en fut pas le moins courageux. J'étais à la première représentation de *la Chaste Suzanne*, qui valut à ses auteurs les tourmens de la captivité et la crainte de payer de leur tête l'honneur d'avoir osé, en défendant la reine, prouvé que le Vaudeville était vraiment français. Mais, hélas! je trouvai l'enfant un peu vieilli. Il avait été victime de plus d'une maladie ; on lui avait imposé un médecin qui le dépêchait assez vite vers les sombres bords ; une meilleure ordonnance lui avait rendu un moment de santé : mais il me parut triste, il portait sans doute encore le deuil de Désaugiers.

Bien des gens prophétisent la fin de ce genre, seulement parce qu'il y a long-tems qu'il existe. Il fut national ; mais nous sommes devenus raisonneurs ; nous semblons rougir d'avoir ri pendant tant de siècles, et nous voulons abdiquer la marotte. Ne désespérons pourtant pas ; la gravité pourrait bien n'être qu'une mode, et l'on sait que nous ne faisons pas long-tems la même chose ; nous nous ennuierons bientôt de l'ennui ; le naturel reprendra ses droits, et l'enfant joyeux chantera de plus belle le roi, la France, le plaisir et l'amour.

## — N° XXXVI. —

## LA VIE DE GARÇON.

*Auream quisquis mediocritatem*
*Diligit, tutus caret obsoleti*
*Sordibus tecti ; caret invidendâ*
*Sobrius aulâ.*
HORACE, *Ode VII.*

C'est ma faute ; du moins mes regrets salutaires
Seront une leçon pour les célibataires.
COLLIN-D'HARLEVILLE.

PARIS est la ville où l'on vit le plus à sa fantaisie. On peut y étaler son opulence, on peut y cacher sa médiocrité. Il y a des plaisirs pour les fortunes de tous les numéros ; on ne s'inquiète point d'un voisin qu'on ne connaît pas ; et le connût-on, on a trop à s'occuper de soi pour consacrer son tems à penser aux autres. Car, dans cette bonne capitale, les gens désœuvrés sont peut-être ceux qui ont le plus d'affaires.

Comme chacun à peu près y vit pour soi, c'est la ville où il y a le plus de garçons. Un ménage, des enfans, une responsabilité, des chaînes de toute espèce, voilà ce qui effraie ceux qui veulent goûter de la vie comme le papillon de la fleur, et qui pensent que les profits sans les peines, les bénéfices sans les charges, sont la plus heureuse spéculation qu'un homme adroit puisse faire dans ce bas monde. En province, la chose est plus difficile : on a une famille sans fin; tout le monde vous connaît et s'arroge le droit de commenter toutes vos démarches. A-t-on le malheur de rendre quelques soins à une demoiselle, les conjectures se forment au second entretien; au troisième, toute la ville en parle; si vous lui donnez le bras à la promenade, on annonce votre mariage ; les plus hardis prétendent avoir vu vos noms dans le petit cadre grillé qui est à la porte de la municipalité; voilà la jeune personne compromise; et, pour peu que le ciel vous ait doué de délicatesse, vous vous réveillez mari sans avoir formé le dessein de le devenir ; les caquets des petites villes sont le trébuchet de l'hymen. A Paris on est garçon tout à son aise; il y a même des gens qui rêvent qu'ils ne sont pas mariés, et qui, dans un quartier éloigné de leur domicile politique, s'ébattent dans la liberté du célibat, ce qui n'est pas très-conforme aux lois de la morale; mais la morale a souvent à souffrir de l'excès de la civilisation. Nous serions peut-être un peu plus vertueux si nous étions plus barbares.

J'avais été fort lié avec le chevalier de Sainte-Luce, le plus déterminé célibataire du royaume. Je l'avais perdu de vue depuis long-tems. A Paris, les gens qu'on aime le mieux sont quelquefois ceux qu'on voit le plus rarement. Nos conversations roulaient souvent sur le mariage, et je lui faisais la guerre sur son antipathie. « Il te sied bien de me sermonner, me disait-il, toi qui es garçon ! — Moi, c'est différent : né sans fortune, j'ai consacré à m'en faire une le tems que j'aurais employé à me former dans l'art de plaire. Maintenant on se marie avant d'avoir un état ou pour en avoir un ; le mien fut long à acquérir, les années arrivèrent. Je m'aperçus que ma petite fortune convenait assez à quelques femmes ; mais que ne voulant guère de moi pour moi-même, elles me prendraient par dessus le marché, et je restai par raison et par habitude propriétaire de ma personne, tout en regrettant un lien où le bonheur n'est pas si rare qu'on voudrait bien le faire croire. Mais toi qui as de la figure, de la jeunesse, un nom et de la fortune, tu es sans excuse. » Le chevalier, sans me répondre, tira de sa poche un manuscrit, le posa sur ma cheminée et s'en alla. En ouvrant ces jours-ci un carton abandonné depuis long-tems, je retrouvai ce cahier, et j'y lus ce qui suit : *Journal du chevalier de Sainte-Luce.*

« Mon père était le meilleur des hommes; il avait de l'esprit, de l'amabilité et une bravoure toute française. A son régiment on le choisissait pour arbitre du point d'honneur, et jamais on n'appelait de ses décisions; mais la force de caractère, qui rend indépendant de ses semblables, n'est pas une conséquence nécessaire du courage qui affronte la mort : le plus intrépide à la guerre est souvent un être faible au logis, et mon père, qui avait conservé son sang-froid devant la mitraille, tremblait au moindre regard de la femme qu'il avait épousée deux ans après la mort de ma mère. Retiré dans son château, il était en tout point le très-humble serviteur, l'esclave le plus soumis de madame de Sainte-Luce. L'empire qu'elle avait pris était si choquant, que parfois de vieux compagnons d'armes osaient faire quelques remontrances à mon père, qui répondait toujours : « Que voulez-vous? j'aime la paix. » On m'a raconté que ma belle-mère, mécontente de je ne sais quel procédé d'une voisine, ordonna à mon père d'en aller demander raison au mari. Mon père avait soixante-cinq ans, il était tourmenté de la goutte ; il obéit pourtant; et, comme son témoin s'étonnait qu'à son âge et pour un sujet aussi frivole il consentît à se battre : « Que voulez-vous, lui répondit-il, j'aime la paix. » Quelquefois cependant il se sentait humilié de sa servitude; mais il n'avait pas le courage d'être maître chez lui, et me disait, les larmes aux yeux : « Mon ami, ne te marie jamais. » Quoique fort jeune j'avais déjà formé ce projet; le mariage ne s'était pas présenté à moi sous des formes séduisantes. Le ciel prit pitié de mon pauvre père : il devint veuf. Quelque tems après il me laissa sa fortune et le souvenir de ses chagrins. Adorable liberté! je fis serment de te conserverver toute ma vie ; je réalisai la succession et vins m'établir à Paris.

» J'ai 10,200 francs de rente placés sur le

grand-livre. Peu m'importe que le budget diminue ou augmente l'impôt foncier ; les contributions indirectes ne sauraient même m'atteindre ; car, comme dit le ménage de garçon :

> Je dîne tous les jours en ville,
> Et ne soupe jamais chez moi.

Chaque jour des billets d'invitation sont déposés chez mon portier ; je connais tout Paris ; point de soirées, de fêtes, de bal d'ambassadeur où je ne paraisse ; je mène une vie délicieuse. Les rêves de l'ambition ne troublent point mon sommeil ; je me réveille chaque jour pour de nouveaux plaisirs, et chaque jour je n'ai que l'embarras du choix. Il est vrai que je fais de mon côté quelques frais pour la société qui m'accueille. J'ai pendant six mois d'hiver un quart de loge aux Français, et j'en offre les coupons avec un discernement admirable. Un cabriolet élégant me porte vers les bonnes maisons où je suis attendu, et j'ai toujours la complaisance de ramener le soir quelque bon papa ou quelque douairière qui dit à tout le monde que je suis un homme charmant ; ou bien l'été, j'ai toujours une place à offrir pour les parties de campagne où je suis convié. Une fois par an je donne, chez un restaurateur du Palais-Royal, un déjeuner dînatoire aux principaux Amphytrions qui me reçoivent toute l'année ; ajoutez à cela quelques bagatelles au jour de l'an et quelques étrennes à des domestiques ; mais ce que je dépense à profusion, c'est une foule de bons mots et de saillies que m'inspirent quelque peu d'esprit naturel et une gaîté dont aucun souci ne vient suspendre les élans ; je débite l'anecdote du jour, l'épigramme qui vient de naître, la nouvelle à la main que me fournissent chaque matin les coureurs des journaux. Une bouquetière qui me protége me donne cinq à six fois l'an des fleurs pour les fêtes obligées, et je pille Désaugiers, Armand-Gouffé et Brazier pour des couplets que j'accommode à la circonstance et dont j'ai la modestie de ne pas me dire auteur. Avec l'ordre que je mets dans mes finances, chaque année j'ai de petites économies dont l'emploi.... Mais il ne faut pas se vanter, même des bonnes actions.

» J'ai envie, pour me rendre compte à moi-même et pour l'instruction de la jeunesse, si je me fais imprimer, de noter ici quelques-unes de mes journées.

» 8 *mars*. — Hasard, tu es de mes amis. La présidente de Rosval, qui me consulte sur tous ses chapeaux, m'avait prié devant toute sa société de lui en faire faire un entièrement de mon invention, bien remarquable, bien bizarre, bien joli. Un peu effrayé de la terrible responsabilité qui allait peser sur ma tête, j'avais médité l'œuvre de mon génie, et ce matin j'étais allé chez la marchande de modes qui devait me livrer le chef-d'œuvre. La jolie veuve, madame de Surville, m'y avait devancé ; mon arrivée lui cause quelque embarras ; je devine qu'à force d'or elle voulait engager la marchande à lui céder le *nec plus ultrà* des chapeaux ; elle me l'avoue, et me conjure, en flattant mon amour-propre d'auteur, de le lui laisser prendre ; je dis non ; elle l'essaye pour me faire voir comme il lui allait bien ; en effet, elle était divine ; cependant je tiens bon. « Eh quoi! ajoute-t-elle, vous me refusez..... vous? » et une petite larme vient mouiller les plus beaux yeux de la capitale. Je n'ai jamais pu résister à une femme qui pleure. Le tems menaçait ; madame de Surville était à pied ; elle accepte mon cabriolet, et je la reconduis devant sa porte. Mais, chemin faisant, nous rencontrons Verseuil, Verseuil, le plus jaloux et le plus colérique des enfans de Caïn. Il me fait des yeux! précisément j'avais donné une place dans ma loge à la jolie veuve, qui n'avait eu garde d'oublier la coiffure qu'elle devait à ma sensibilité. On jouait une pièce nouvelle : pendant tout le spectacle, Verseuil a tenu ses regards attachés sur nous. Le chapeau a eu plus de succès que la pièce. Nous étions sous le vestibule, et la voiture de madame de Surville n'arrivait pas ; son cocher se dérange ; elle a été forcée une seconde fois d'accepter mon cabriolet. Verseuil était encore là...., et toujours ses yeux! je crois en vérité qu'il a couru derrière. Sa jalousie, le chapeau et le dépit de la présidente, voilà de quoi fournir pendant huit jours aux conversations du beau monde.

» 12 *du même mois*. — Ma blessure est peu de chose. Verseuil se battait comme un jaloux en délire ; j'aurais eu bon marché de lui : je l'ai ménagé, et suis victime de ma générosité. C'est le bruit public. Trente équipages à ma porte ; de tous les quartiers on vient s'informer de ma santé; tout Paris se fait écrire chez moi : décidément, je suis l'homme à la mode.

» 15 *avril*. — Vivent les Anglais, qui ont introduit en France l'usage des paris! Le colonel nous a donné une discrétion ; il a fait les choses de la manière la plus noble. Beauvilliers est vraiment un grand homme. Quel dîner! quels vins! Lucullus eût été jaloux. Les saillies les plus folles, les bons mots les plus piquans se succédaient sans lacune ; nous avons été charmans. On a bien un peu médit des maris et du mariage. Clermont, le sentimental Clermont se fâchait ; nous lui avons laissé réciter une pastorale sur les charmes de l'hymen et les douceurs de la paternité. Un de nous a proposé une quête pour délivrer quelques pères de famille, prisonniers pour des mois de nourrice ; l'épigramme nous a paru de bon goût : chacun a vidé sa bourse. La journée a été bonne ; nous avons fait beaucoup de bruit et un peu de bien.

» 17 *mai*. — Je reviens de la noce. Quelle fatigante journée! Une longue demoiselle d'un blond fade, des yeux qui annoncent un cerveau vide, un rire sans expression, un maintien sans grâce, un père épais, une mère bavarde, voilà ce que le jeune Valmont a épousé ce matin, entre onze heures et midi, avec 50,000 livres de rente. Ce n'est pas payé. Bon Dieu! que fera-t-il de tout cela? Il avait l'air fatigué d'avance. Il se repentait du marché. Que la fortune est chère à ce prix! Le festin était somptueux; la cérémonie en était le premier convive. On voyait des diamans partout; la gaîté n'était nulle part : c'était un ennui magnifique. Pauvre Valmont! s'il avait voulu me croire!.... Hymen! ô hyménée! que je m'applaudis d'être resté garçon! »

J'en étais là du journal; tout à coup je me ressouvins d'une certaine affaire qui m'appelait au dehors. Je n'étais pas encore très-loin de ma demeure lorsque je fus accosté par un monsieur dont les traits ne m'étaient pas tout-à-fait inconnus; il fut obligé de me dire son nom. Bonté divine! eh! qui, dans un vieillard aux yeux caves, à la chevelure argentée, au dos arqué, à la démarche peu sûre, malgré le secours de deux cannes, aurait deviné l'homme jadis à la mode, l'apôtre du célibat, le beau, le brillant chevalier de Sainte-Luce? « Je suis plus vieilli que toi, me dit-il en me serrant la main; j'ai vécu beaucoup d'années en moins de tems que d'autres, et le tems s'est vengé. Tu admirais jadis l'élégance et la fierté de ma taille ; maintenant mon nez, comme celui du père Aubry, *aspire à la tombe.* Au bal, j'étais le rival de l'infortuné Trénitz, et j'ai la goutte huit ou neuf fois par an ; je lisais une affiche à cent pas, et tous les jours je change contre des numéros inférieurs les verres de mes lunettes. J'arriverai bientôt à la loupe, et je crois que c'est mon cœur qui t'a reconnu. Mon pauvre moral, à ce qu'il paraît, a participé à la métamorphose de mon physique. On prétend que je suis maussade et triste. Je n'ai presque plus de mémoire, et c'est peut-être un bienfait de la Providence ; j'ai oublié bien des sottises. Je me sens heureux de t'avoir retrouvé, tu dîneras aujourd'hui chez moi. — Tu as donc un ménage ? — Sans doute. — Mon ami, serais-tu marié ? » Sainte-Luce soupira, me donna un dessus de lettre où était son adresse, et me réitéra son invitation.

Le carillon de Saint-Roch se faisait entendre dans la rue d'Argenteuil, et cinq heures sonnèrent à cette église lorsque je levai le marteau du n° 29. Monté au premier étage, je sonnai au hasard à l'une des trois portes du pallier. « M. de Sainte-Luce n'y est pas, me répondit assez aigrement une dame d'une quarantaine d'années. — Cependant il dîne chez lui? — Je ne sais pas. — J'ai quelque raison pour le croire..... — Entre donc, » me dit Sainte-Luce, qui était sorti de son appartement pendant ce colloque ; puis, s'adressant à la dame : « Madame Duvivier, voilà un de mes vieux amis qui vient dîner avec moi ; il faut le bien traiter — Hum! répliqua celle-ci, la belle heure pour s'occuper d'un dîner! Vous n'en faites jamais d'autre..... ; et puis vous vous en prendrez à moi, comme à votre ordinaire. » Elle s'en alla en me jetant un regard peu gracieux, et je crus lui entendre murmurer les mots de vieux garçon.

Cependant le dîner était présentable ; nous étions six. La douce madame Duvivier, son gendre, sa fille, son fils, Sainte-Luce et moi. J'appris que toute cette famille s'était établie chez mon ami, voire la petite-fille de la gouvernante, accompagnée de sa nourrice. On l'apporta au dessert. Une querelle s'éleva entre le fils et le gendre. Le maître de la maison essaya d'interposer son autorité ; mais je vis qu'il avait fort peu de crédit chez lui, et, malgré ma présence, certaines expressions peu mesurées m'apprirent que le pauvre célibataire était sous la tutelle de ces étrangers. La petite fille se mit à crier; on épuisa tous les moyens de l'apaiser. Nous quittâmes la partie, et je suivis Sainte-Luce dans son cabinet. Nous restâmes quelques minutes dans un silence absolu ; mon ami le rompit le premier. « Je devine tes réflexions, me dit-il ; j'espérais que, devant une personne étrangère, ces gens-là se contiendraient. Ils t'ont rendu témoin d'une des scènes habituelles de mon intérieur. Il faut bien t'avouer que je suis le plus malheureux des hommes, et je sens que je ne pourrai jamais me soustraire à l'empire qu'exerce sur moi ma gouvernante. Ce n'est que par degrés qu'elle est parvenue à me soumettre à ses volontés. Je sais bien que je n'ai qu'un mot à dire; chaque jour je m'éveille avec le dessein de le prononcer, et je me couche sans en avoir trouvé la force. L'habitude, ce tyran des vieillards, a rivé mes chaînes pour jamais ; et puis, je suis malade, elle sait ce qui me convient, et je suis épouvanté de l'idée de confier aux soins d'une autre les débris de mon existence.

Voilà les tristes conséquences du système insensé que je me suis obstiné à suivre. Mon père fut malheureux dans son ménage ; j'eus l'inconcevable aveuglement de juger toutes les épouses d'après ma belle-mère. J'ai vu des femmes vertueuses, des anges de bonté. J'ai remarqué qu'elles prêtaient un nouveau charme à nos prospérités, qu'elles diminuaient l'amertume de nos misères ; mes yeux se sont dessillés trop tard ; je suis puni selon mes fautes. On ne méconnaît pas impunément les préceptes de la religion, les lois de la morale, et les devoirs que tout homme, en naissant, contracte envers la société. »

── N° XXXVII. ──

## LA PLACE VACANTE A L'ACADÉMIE.

—

*Dignum laude virum musa vetat mori*
HORACE, *Ode VII.*.

Le nourrisson du Pinde, ainsi que le guerrier,
A tout l'or du Pérou préfère un beau laurier.
PIRON, *la Métromanie.*

JE faisais le mois dernier quelques courses dans Paris. J'étais à pied comme un futur indemnisé qui attend son inscription, un colon de Saint-Domingue, qui touchera deux années de son revenu s'il vient des fonds d'Haïti, un pauvre rentier qui a converti en trois pour cent à soixante-quinze, enfin comme tant d'honnêtes gens qui ne cumulent pas, et ont été assez paresseux ou assez maladroits pour n'avoir point pris part aux différentes pêches miraculeuses qui ont eu lieu depuis tant d'années de grâce. Il me semblait qu'il régnait une activité plus grande qu'à l'ordinaire : les voitures qui se croisaient en tous sens ne m'avaient jamais paru si nombreuses et si matinales. Trente-huit ans de révolution m'ont rendu craintif, et je m'imaginais déjà qu'il y avait quelque conspiration contre notre famille bien-aimée, quelque projet d'aller crier encore *vive la Charte!* autour de la chambre des députés, ou la mort de quelque nouveau Lallemant à exploiter. Un ami, que je rencontrai, dissipa mes inquiétudes ; rien de plus innocent que ce mouvement : c'étaient des aspirans au fauteuil académique qui faisaient leurs visites. Il y avait quelques heures qu'un immortel venait de mourir, et chacun de ceux qui se croyaient des droits à sa succession cherchait à gagner de vitesse ses rivaux, et à enlever les voix à la course. Les prétendans couraient eux-mêmes, mais ils avaient aussi mis en campagne leurs parens et leurs amis. La beauté même daignait être leur auxiliaire : une jeune et jolie femme a tant d'influence sur nos déterminations! Sollicitée sans cesse, elle connaît toutes les finesses des solliciteurs, et elle a de plus qu'eux une persévérance que rien ne saurait décourager, une confiance extrême dans l'heureuse issue de l'entreprise, la liberté de tout dire, la galanterie française, et des moyens de séduction auxquels rien ne saurait résister, pas même un académicien. Que de jolies toilettes du matin ! que de femmes de chambre grondées ! que d'intrigues ourdies, de lettres écrites, de démarches adroites et d'ingénieuses flatteries ! Le modeste appartement des membres de l'Institut ressemble, à cette époque, à l'antichambre d'un juge ; que dis-je ? au salon d'un ministre ! Le bonheur qu'ils peuvent donner est d'un prix inestimable. Qu'est-ce, en effet, que le gain d'un misérable procès ou l'obtention d'une grasse sinécure auprès d'un brevet du génie, d'un passeport pour la postérité et de l'espérance d'avoir sa petite statue à la bibliothèque du Roi, s'il prend à quelqu'un la fantaisie de faire une seconde édition du Parnasse de M. Titon du Tillet ?

Jadis on entrait tard à l'Académie ; les quarante jouissaient d'une santé éternelle, et c'était un grand événement lorsque l'un deux se décidait à laisser une place vacante. On avait alors tout le loisir de mériter d'être son successeur ; mais plus on avait travaillé pour acquérir des titres, plus on avait épuisé la somme d'esprit et de talent à laquelle la nature a borné ses bienfaits ; l'âge achevait de paralyser la verve ; on se réveillait un peu dans le discours de réception pour se rendormir sans fin ; les beaux esprits entraient à l'Académie comme un vieux militaire aux Invalides.

Maintenant, pressé d'obtenir la récompense avant le travail, le titre avant les services, on se présente avec des essais, des ébauches et des projets ; peu riches du passé, on veut exploiter l'avenir : on fait son billet à la gloire, et le talent en espérance vient frapper au seuil du temple.

Il y avait naguère une société d'assurance mutuelle pour les places académiques ; on déjeunait d'abord, puis on mettait au fonds commun son crédit, ses protections, son activité, son savoir-faire et sa plume. Quelques-uns même y mirent de l'esprit. On arrêta que le premier ouvrirait la porte aux autres ; l'entreprise prospéra ; on garda la foi jurée. Les industriels de la littérature se glissèrent un à un dans le parvis sacré ; petit bagage les rendait lestes, et ils s'acheminèrent vers le ci-devant collége Mazarin, comme le dit la chanson du vainqueur de Blenheim et de Ramillies, l'un portant, etc., l'autre ne portant rien. Une imitation d'une comédie étrangère, des notes critiques et biographiques à la tête d'une nouvelle édition d'un célèbre écrivain, un petit poëme sur les charmes de la campagne....., il n'en fallait pas davantage pour pénétrer dans le sanctuaire. Quand il n'y avait rien de tout cela, on se dépêchait de couronner je ne sais quel livre que personne n'avait lu ; on disait alors *dignus es intrare*, et le public entendait prononcer pour la première fois le nom du nouveau grand homme, en apprenant qu'il venait d'être admis *in docto corpore*. Heureusement pour ceux qui ne déjeunent point, le dernier convive a été installé, la société est dissoute, la liquidation est faite et la nappe enlevée.

On allait donc frapper à la porte de tous les immortels dont l'*Almanach des vingt-cinq mille adresses* avait indiqué la demeure. Au premier coup-d'œil, ces visites pourraient paraître singulières : l'usage justifie tout. Il est convenu que l'on fait ses affaires soi-même. Lorsque certains auteurs ont l'intrépidité de rédiger des articles apologétiques sur leurs propres ouvrages, il n'est point étonnant qu'on aille vanter son mérite à celui dont on veut obtenir la voix. Il y a d'ailleurs des accommodemens avec la modestie : le candidat déclare, avec une humilité de commande, qu'il a fort peu de titres à cette grande faveur, et que chacun de ses compétiteurs mérite de l'emporter sur lui ; ce qui, traduit dans la langue naturelle, signifie qu'il compte des succès nombreux, et que ses rivaux sont bien hardis d'oser entrer en lice avec lui. Vient ensuite l'éloge de l'homme que l'on visite : si tous les gens de lettres lui ressemblaient, le siècle de Louis XIV ne tarderait pas à reparaître. Son dernier ouvrage est un chef-d'œuvre : la cabale seule a pu le siffler, et c'est par envie et par malveillance que les journaux en ont dit du mal. On sait si sa femme, sa fille ou sa nièce dessine, peint, brode ou chante, et l'on s'extasie sur ses talens que l'on ne connaît pas. « Sommes-nous quarante, on nous chansonne ; sommes-nous trente-neuf, on est à nos genoux, » disait un académicien spirituel.

Mais, hélas! l'illustre membre de l'Institut a

déjà pris des engagemens ; il est très-affligé de ne pouvoir contribuer à la nomination d'un jeune littérateur qui est déjà l'espoir du Parnasse français ; pourtant il espère que d'autres voix lui seront données, et que bientôt il aura le plaisir de l'appeler son cher confrère. L'aspirant le retient pour le premier trépas, lui fait un salut profond, et regagne le modeste cabriolet de louage dont le coursier déjeunait tranquillement, comptant sur une séance plus longue. Tandis qu'on arrache le pauvre annimal à de si douces occupations, et qu'on lui remet le mords détesté, notre jeune homme consulte sa liste et dispose par quartiers le reste de son itinéraire. Bientôt l'heure l'appelle au bureau d'un journal. Un article lui est promis, où l'on dira que l'opinion publique, le vœu du monde littéraire le désignent pour l'académie. S'il a parfois essayé le poignard de Melpomène ou le masque de Thalie, il court chez les comédiens, qui lui ont promis, dans cette circonstance solennelle, d'exhumer un ou deux de ses essais dramatiques. C'est aussi le moment que l'on choisit pour faire paraître son léger poëme ou son long roman ; le candidat vole chez l'éditeur, chez l'imprimeur. L'élection d'un académicien a coûté cher à plus d'un libraire.

L'ambition ne saurait connaître le repos; la soirée l'invite à de nouvelles démarches; il paraît dans plusieurs maisons : ici il fait une lecture, là il adresse un impromptu qu'il méditait depuis huit jours; plus loin il se ménage la protection d'un homme puissant et en obtient la faveur de lui dédier son premier ouvrage. Il n'a pas de tems à perdre : sous quelques jours au plus tard le choix doit être fait. Autrefois les interrègnes étaient plus longs; le fauteuil de Gresset resta six mois vacant. On est si pressé maintenant! Qui sait si le monde durera encore huit jours? Voilà ce qu'après Figaro chacun semble répéter en courant.

Au reste, peu importe au public que la compagnie soit au complet ; elle serait deux fois plus nombreuse, qu'il ne verrait pas plus tôt terminer cet éternel Dictionnaire dont l'absence laisse cette pauvre langue française en proie aux caprices d'un grammairien novice et aux témérités du néologisme. J'ai lu quelque part que ce fut Voltaire qui proposa et fit adopter l'immense entreprise d'un dictionnaire à l'imitation de celui de la Crusca, et se chargea de l'A. En terminant la séance, il dit : « Messieurs, je vous remercie au nom de l'alphabet. — Et nous, lui répondit le chevalier de Chastellux, nous vous remercions au nom des lettres. »

Cependant le grand jour arriva. Le cœur battait aux prétendans; chacun d'eux, en s'éveillant, avait repassé ses titres à l'immortalité, fait sur ses doigts le dénombrement des suffrages dont il se croyait certain, et se laissait aller aux caressantes illusions de l'espérance. Des émissaires entouraient le palais de l'Institut; des estafettes étaient placées à chaque réverbère du pont des Arts. L'aréopage prononce enfin..... O disgrâce! ô fragilité des calculs humains! ce n'est ni le tragique, ni le comique, ni le romantique, ni le classique, ni le faiseur d'héroïde, ni le chantre de la nature. Les rivaux éconduits n'ont pas la consolation de se venger du triomphateur en dépréciant ses œuvres. Ce n'est pas un confrère. On proclame un de ces noms vieux comme la monarchie, un de ces noms que l'on retrouve dans toutes les pages de notre histoire, qui résonnent à notre oreille comme le bruit que l'on ferait en frappant sur un trophée d'armes et que le tems a consacrés à notre vénération, quel que soit celui qu'en aient momentanément revêtu les hasards de la naissance. Le maréchal de Saxe refusa d'être de l'Académie en disant qu'il ne savait pas l'orthographe. Ce grand guerrier, couronné par la victoire, n'avait pas besoin du laurier académique.

S'il avait plu au ciel de me faire descendre d'aïeux illustres, par conséquent de me donner une bonne part des grandeurs d'ici bas, combien je tremblerais après avoir accepté une place au milieu des notabilités littéraires de ma patrie! Il me semble que l'opinion serait pour moi sans indulgence, me demanderait un compte sévère de mes titres à cette fortune nouvelle, et voudrait par ses rigueurs me faire expier les autres priviléges dont les institutions sociales m'auraient investi à mon arrivée dans le monde. Je l'entendrais me dire : « N'êtes-vous pas satisfait de n'être point confondu dans la multitude et d'avoir été préféré entre les enfans des hommes? Ne vous suffit-il pas de posséder déjà ce que tant de vos semblables travailleront sans cesse à obtenir, qu'ils ne feront peut-être qu'espérer jusqu'à la mort, et d'être appelé à jouir des bienfaits de la vie dont les autres n'ont que le fardeau. Vous avez la gloire des guerriers ; l'hermine de la pairie flotte sur vos épaules ; le palais du souverain vous est ouvert à toute heure ; le roi daigne, en écoutant vos conseils, vous associer à tous les plans de bonheur ou d'illustration qu'il médite pour le pays. Vous faut-il donc tous les genres de supériorité et ne laissez-vous aux autres aucune chance de renommée ?

J'étais curieux d'entendre le discours de réception. Je me procurai un billet. La foule était grande ; on se pressait comme à la porte d'un théâtre un jour de spectacle gratis. Je m'armai de courage, et, au risque d'être étouffé, je parvins dans l'intérieur. Il y avait tant d'auditeurs et si peu de places que la galanterie permit à des dames de se mêler parmi les habits à broderie verte. Cela me rappela un madrigal doucereux fait en 1768 en pareille occasion, où l'on disait :

> Les Muses vont se dissiper
> Dans les bocages d'Idalie,

Et les Grâces vont occuper
Les fauteuils de l'Académie.

Cette fois, non-seulement les grâces y figuraient, mais on remarqua une jeune muse qui serait à coup sûr de l'Académie, si la loi salique ne descendait pas du trône jusqu'au fauteuil.

On prétendait jadis qu'un discours d'entrée à l'Académie devait prouver d'abord que le cardinal de Richelieu fut un grand homme ainsi que le chancelier Séguier; que Louis XIV le fut aussi, ce dont personne ne doute; que l'illustre auquel on succédait l'avait immanquablement été; que le directeur, le secrétaire perpétuel et tous les autres membres sont de grands hommes; enfin que le récipiendaire pourrait bien également être un grand homme. De nos jours, on abrége ces formules obséquieuses et italiennes; ce n'est plus qu'au prédécesseur qu'on réserve l'encens dans l'oraison funèbre qui est encore de rigueur, habitude sujette à quelques petits inconvéniens. Il peut se faire qu'on ait été fort mal avec celui qu'on remplace : les frères et les poètes ne sont pas toujours d'accord, *rara concordia;* que le genre de vie du précédent, sa légèreté, son caractère et ses opinions aient été diamétralement opposés à la gravité, aux manières d'être et à la position sociale du successeur. M. de Boisgelin, archevêque d'Aix, se vit obligé de faire l'éloge de l'abbé de Voisenon, qui, toute sa vie, avait fait des opéras comiques ; de nos jours, la conduite politique a établi un contraste si marqué entre les hommes, qu'on n'a sans doute pas oublié que le plus célèbre de nos prosateurs n'avait fait rien moins que le panégyrique de celui à la place duquel il avait été nommé ; mais il faut en passer par là : c'est un titre pour vivre dans la postérité, et, pour quelques génies privilégiés qui sont les seuls créateurs de leur renommée, combien ont besoin qu'on leur fasse une immortalité !

Je fus très-content du discours. Un tact parfait, une élocution facile, les idées les plus généreuses exprimées avec autant de sagesse que d'élégance; enfin un débit plein de grâce et de noblesse, qui excluait toute idée de teinturier, me raccommodèrent avec le choix de l'Académie. Le tems n'est plus où les grands seigneurs, étrangers à toute instruction, méprisant même le savoir qu'ils abandonnaient aux clercs, signaient en appuyant sur le parchemin un doigt trempé dans l'encre, ou en laissant dans la cire amollie l'empreinte du pommeau de leur épée. Le Parnasse n'est plus aussi roturier. La culture des lettres ajoute maintenant un nouveau lustre à la naissance; les grands seigneurs ambitionnent une autre gloire française, et, s'associant à nos travaux, viennent chercher parmi nous la seule égalité que la nature et la société puissent connaître.

— Nº XXXVIII. —

## UN DIMANCHE.

> Les habitans des grandes villes s'agitent régulièrement le septième jour en mémoire de Dieu, qui se reposa; mais, pour ne pas s'apercevoir de la fatigue, on la nomme plaisir, nom qui, à force de s'étendre à tout, finira par ne plus rien signifier.
>
> Hodze.

Six fois l'aube matinale, en venant dorer le dôme de Sainte-Geneviévre, a rapporté aux Parisiens le signal du travail; elle reparaît encore, mais pour annoncer le jour du Seigneur, jour de repos, de plaisir et d'oubli, but de toutes les activités, rendez-vous de tous les projets, jour cher à la gaîté française, et que nos voisins d'outre-mer ont consacré presque tout entier à l'ennui. Déjà la jeune ouvrière essaie devant son petit miroir la robe écossaise dont elle se pare pour la première fois; le commis, en s'éveillant, pense avec délices que les bureaux ne s'ouvriront pas pour lui; le jeune écolier, muni de son *satisfecit*, se prépare à gagner la maison paternelle; le tailleur, fidèle enfin à ses promesses, si souvent renouvelées, enveloppe dans l'élégant foulard l'habit neuf sur lequel il ne gagnera que moitié; le débiteur malheureux, bravant la contrainte par corps, passe impunément auprès du garde de commerce; le marchand entr'ouvre un des volets de sa boutique; les cloches résonnent dans les airs, et les fidèles s'acheminent vers le temple pour assister au divin sacrifice.

Le printems est enfin venu ranimer la nature engourdie par un long hiver; la paquerette émaille les gazons, l'ébénier suspend ses grappes d'or au bout de ses rameaux, et le lilas élève vers le ciel ses odorantes pyramides. Une grande partie de la population va s'éparpiller dans la banlieue pour respirer pendant quelques heures un air que la folie des constructions nouvelles rend de jour en jour plus rare. Malheur à ceux qui possèdent à peu de distance de la capitale quelques perches de terre décorées du nom de campagne! Une foule de nouveaux amis affamés va venir leur demander la soupe sans façon, et leur causer une aimable surprise ; on est pris à l'improviste, les provisions sont insuffisantes, le village offre peu de ressources ; la maîtresse de la maison rit tout haut, enrage tout bas ; les domestiques perdent la tête, le dîner sera mesquin et froid ; on se dédommagera sur les vins, et la dernière bouteille de la comète sera offerte en sacrifice. Mais tout le monde ne connaît pas des propriétaires aux environs de la capitale, et pourtant les bons Parisiens éprouvent un désir immodéré de franchir les murs de la grande prison. Des arbres, des fleurs sont un spectacle qui, aux yeux des citadins, a presque toujours le mérite de la nouveauté. Saint-Cloud, les prés Saint-Gervais, Saint-Mandé, Meudon, offrent à ces campagnards d'un jour et leurs pelouses verdoyantes et l'ombre de leurs bosquets. Aucuns poussent jusqu'à Versailles, voire jusqu'à Saint-Germain-en-Laye, et vont errer autour de ces demeures royales sans penser à Louis XIV et à François I$^{er}$.

M. Mathieu, honnête électeur industriel de la rue Saint-Denis, a promis une partie de campagne, promesse sacrée faite à son épouse le jour où le plus jeune de ses enfans a fait sa première dent. Vingt fois l'aînée des filles, mademoiselle Joséphine, a interrogé le baromètre, qui ne présage rien de rassurant. En vain elle frappe sur sa base; l'aiguille reste impitoyablement clouée au variable. Le papa, qui est une forte tête, voudrait savoir d'où vient le vent; mais, au milieu des rues étroites et des hautes maisons du quartier Saint-Jacques-la-Boucherie, ne découvre pas qui veut une girouette. Joséphine ouvre la fenêtre de l'entresol et abandonne à l'air son petit mouchoir de batiste, dont, avec le pouce et l'index, elle tient fortement l'extrémité; bientôt le courant d'air qui s'établit entre les rues d'Avignon et du Chevalier-du-Guet agite en sens contraire le petit drapeau blanc. Joséphine, d'ailleurs, a des distractions, et le mouchoir tombe aux pieds d'un jeune voisin que le hasard avait amené en face de la fenêtre. En courtois chevalier, il se hâte de rapporter le mouchoir. La maman gronde la jolie distraite, mais elle n'est pas fâchée de l'accident : en faisant hier au soir *une patience*, le valet de cœur s'était vingt fois reproduit sous sa coupe, ce qui lui avait clairement annoncé qu'elle marierait sa fille dans l'année. On prend enfin une bonne résolution ; on se munit de tous les parapluies de la maison, et, les portes soigneusement fermées à double tour, la famille s'achemine vers la place Louis XV. Le voisin est de la partie.

A peine nos voyageurs sont-ils arrivés près du pont Louis XVI, qu'une armée de cochers vient les assaillir. Pour demander la préférence, ils parlent tous à la fois de manière à briser le tympan le moins délicat. Celui-ci saisit brutalement le bras de M. Mathieu et l'entraîne vers son cabriolet ; celui-là enlève à la domestique et son petit paquet et son jeune enfant. Mathieu se débat et jure, l'enfant pleure, madame Mathieu court de l'un à l'autre ; le petit voisin parvient à mettre les holà. On dispute long-tems sur le prix des places, le tems se passe ; on conclut enfin, et une vieille femme apporte le marche-pied, à l'aide duquel chacun se hisse jusqu'à la voiture. Le cocher met lentement le crochet de la portière ; il lui faut un sixième voyageur ; il redescend, son fouet est tombé, il a une sous-ventrière à rattacher, ce qu'il fait en criant à tue-tête : « Saint-Cloud ! Saint-Cloud ! » Bientôt il court vers un passant, puis vers un autre ; la famille s'impatiente : ce manége dure une demi-heure. Le papa, furieux, ouvre la portière pour quitter la voiture ; il a déjà une jambe en l'air, lorsque le cocher amène une énorme compagne de voyage qui s'incruste avec peine au milieu de nos gens. Les voilà enfin partis, après qu'un soldat de la garde royale s'est mis en *lapin* *, ce qui achève d'intercepter à nos Parisiens la vue de la campagne.

En passant sur le pont de Saint-Cloud, Mathieu met la tête au vasistas pour voir ces filets de sinistre renommée, qui recueillent tant d'ambitieux désappointés, de calculateurs imprudens, d'habitués du n° 113, de poursuivans à la loterie, d'insensés et d'esprits forts. Ce lieu lui inspire un petit discours moral que le jeune voisin applaudit avec transport, que Joséphine semble écouter avec recueillement, et que madame Mathieu ne comprend pas, mais qu'elle trouve superbe. Il parlait encore lorsque le cabriolet s'arrête. Après avoir été cahotés et pressés pendant une heure et demie, les voici

* Le *lapin* est le voyageur qui partage la planche étroite et dure sur laquelle le conducteur est assis.

au 19ᵉ degré 52 minutes 40 secondes de longitude, et au 14ᵉ degré 50 minutes de latitude, dans ce bourg fameux qui a l'honneur d'avoir été fondé par un petit-fils du grand Clovis, et dont les eaux salutaires, si l'on en croit les antiquités françaises de Fauchet, avaient, il y a quelques siècles, le pouvoir de guérir les écrouelles. Bientôt ils entrent dans ce beau parc où Lenôtre a profité avec tant de bonheur des différens caprices du terrain. Ils visitent les cascades ; mais, hélas ! les eaux ne jouent pas ; ils auraient grande envie de rencontrer un prince auguste dans ces lieux enchantés, mais l'enchanteur n'y est pas.

Cependant la fatigue se fait sentir ; la petite bonne qui porte le marmot est la première à demander grâce ; d'ailleurs, le grand air excite l'appétit ; ces dames avouent que le café au lait, déjeuner obligé de toute Parisienne, est bien léger quand on se livre à un exercice aussi violent ; et puis le tems menace. M. Mathieu a été tenté d'ouvrir son parapluie ; on se réfugie chez un traiteur ; on demande un cabinet ; tout est plein ; on visite la cuisine, tout est retenu. Heureusement le jeune voisin est là ; il se multiplie pour plaire; c'est la Providence de la petite société. Il découvre un petit coin ; il emploie tour à tour la ruse et l'argent, paie double un plat, en escamote un autre. On dîne mal; mais enfin on dîne. La nuit arrive, et la pluie avec elle : les cochers sont plus exigeans ; même lenteur à partir, mêmes disputes, mêmes impatiences. On débarque pourtant vers les dix heures au point du départ, d'où l'on regagne le magasin héréditaire. M. Mathieu est peu satisfait de sa journée ; la petite bonne et l'enfant ont dormi pendant la route; Joséphine et le voisin ont un air radieux, et la maman sourit en invitant le jeune homme à honorer sa maison de ses visites..... Je parie que le valet de cœur aura raison.

Mais tous les habitans n'ont pas franchi les barrières. Il en est qui savent trouver dans l'enceinte l'emploi de leur jour de liberté. Depuis vingt ans aucun dimanche ne les a vus au logis. A moins que le ciel ne verse des torrens, père, mère, enfans, après avoir suivi deux fois la grande allée des Tuileries, s'établissent chacun sur deux chaises. La loueuse ne les voit pas arriver avec plaisir, car ils y restent long-tems. Le mari lit le journal, et même les journaux ; la femme regarde les promeneurs, observe et critique les toilettes, ou remarque pour la première fois une mode qui est déjà vieillie à la Chaussée-d'Antin, et qu'elle compte bien adopter pour le dimanche suivant ; et les enfans, à quelque distance, sautent à la corde, font courir un cerceau ou jouent au maître d'école. Cependant madame, ennuyée de la longueur de la lecture, demande à monsieur ce qu'il y a de nouveau dans la *Gazette*, et celui-ci répond que la rente est en hausse de quarante centimes. Quatre heures sonnent enfin ; la famille se rend chez un restaurateur. N'allant jamais chez le même, ils les ont successivement passés en revue, et maintenant ils sont obligés de recommencer la série. Ils vous diront que les Frères-Provençaux excellent dans l'omelette soufflée, qu'on ne mange que chez Boissier-Véfour de bonnes côtelettes en papillottes, et que le plumpudding de Véry est incomparablement supérieur à tous les autres. Les plaisirs de la table jouent un grand rôle dans leurs jouissances dominicales. Après avoir fait un dîner de luxe où ont figuré force primeurs arrosées par le Champagne mousseux, qui fait toujours peur à madame lorsque son bouchon va frapper le plafond, ils se dirigent vers le théâtre où l'on joue une pièce toute nouvelle que le beau monde a déjà vue trente fois. Il n'y a guère que les ouvrages dont le succès est équivoque que l'on donne tout de suite au public du dimanche. C'est une seconde épreuve dont souvent ils ne sortent pas avec la palme du triomphe. Il n'est pas rare de voir une comédie, admirée par les juges de tous les jours, ne pas trouver grâce devant des spectateurs nouveaux-venus, qui semblent devoir être moins difficiles. Ceux-ci apportent au parterre des sensations moins émoussées; il n'y a pour eux aucune considération, aucun entraînement. Les beautés de convention n'ont sur eux aucune influence; le vrai les enthousiasme, le faux les révolte; ils applaudissent avec transport ou sifflent avec fureur. L'auteur dramatique ne croit au succès de sa pièce que lorsque les spectateurs du dimanche l'ont confirmé : c'est un demi-gratis, et l'on sait qu'aux représentations où le peuple est dans les loges, les ouvrages sont écoutés avec un silence religieux, et que ce sont les plus beaux endroits qui sont accueillis avec des applaudissemens éclatans. Corneille et Racine ont eu les honneurs du succès populaire.

Tandis que la moyenne bourgeoisie s'amuse ou croit s'amuser le dimanche, certaines personnes d'une classe plus relevée, quoique d'une fortune médiocre, et qui habitent la capitale par habitude, voient arriver ce jour avec effroi, surtout dans la belle saison. Les gens de leur connaissance sont presque tous dans leurs terres ou en voyage ; beaucoup sont allés prendre les eaux. Paris est pour elles, ce jour-là, d'une tristesse et d'une solitude accablantes. Le spectacle leur est interdit ; le bon ton leur défend de s'y montrer ; elles n'y verraient d'ailleurs que des pièces qu'elles savent par cœur, et ne rencontreraient parmi les spectateurs que des figures étrangères. Isolées et sans famille, les plaisirs du foyer domestique leur sont inconnus. Ces boutiques fermées, ces rues qui, la veille au soir, étaient resplendissantes de clarté, et qui, maintenant, ne sont éclairées que par les pâles rayons échappés d'un avare réverbère, ce mouvement interrompu, cet air d'absence, les jettent dans un malaise moral qui ressemble beaucoup à de l'ennui. Elles sont pour la plupart oisives, et l'étude ne saurait leur offrir de dédommagement. Il leur reste la ressource des cafés ou des cabinets de lecture ; mais les échecs de la Régence, les dames du ci-devant Manoury et le domino de tous les autres cafés sont fort tristes à voir jouer quand on n'est pas d'une certaine force. Que lire dans les cabinets? des romans? Excepté ceux de Walter-Scott, dont on passe le commencement, les romans de nos jours ne sauraient captiver l'attention. Les auteurs maladroits laissent deviner le dénouement, et l'on sait à quoi s'en tenir dès les premières pages. Ces pauvres ennuyés cherchent longtems un moyen d'occuper leur soirée, et prennent enfin le parti de rentrer dans leur demeure, où ils implorent le sommeil, avant l'heure accoutumée, comme une heureuse transition à un jour plus gai.

Quel contraste vient frapper les regards de l'observateur qui ne dédaigne pas de visiter les guinguettes qui environnent Paris, et qui, à la Courtille, aux Porcherons ou à l'Ile-d'Amour, va prendre la gaîté sur le fait! Là on chante, on danse, on boit ; le bel-esprit de la réunion raconte des aventures. Le récit n'est pas assai-

sonné de sel attique ; mais le narrateur fait rire
son auditoire, ce qui n'arrive pas à tous les
conteurs de salon. Là, le jargon politique serait
une langue inconnue. Ils savent qu'il y a une
chambre de députés, parce qu'on leur a expli-
qué les statues du palais Bourbon, et que le canon leur annonce tous les ans que le Roi se rend
à la séance. Ils ignorent qu'à l'extrémité de l'Europe on massacre ou l'on vend des chrétiens,
quoique presque toute l'Europe soit chrétienne.
Les malheurs de la Grèce sont pourtant arrivés
jusqu'aux charlatans et aux chanteurs publics,
et ont remplacé la tragique histoire de Fualdès,
qui commençait à être un peu vieille. On voit,
sur le quai de Gèvres, de grandes toiles où l'on
a peint des Musulmans, *féroces et barbares*, qui
tuent des hommes et traînent des femmes par
les cheveux. Mais le bon peuple de Paris, qui
voit à tous les personnages un costume à peu
près semblable, prend tout cela pour des Turcs.
Eh ! comment s'occuperaient-ils des Parga-
niotes ou des héros de Missolonghi, lorsqu'ils
ne pensent pas à leurs propres affaires, aux embarras du lendemain, au terme qui va échoir,
et à la visite de l'inexorable propriétaire ? Le

tems est pour eux tout entier dans le moment où ils s'amusent, et les chagrins de la semaine sont bercés par les projets du dimanche. Mais ce bienheureux dimanche finit comme les autres jours, et semble toujours finir plus tôt. On pense à la retraite, on se prend le bras; et les rues du Roule, des faubourgs Saint-Denis, Saint-Martin, etc., sont encombrées de joyeux rentrans qui agitent dans les airs des branches de lilas ou d'aubépine. On se dispute peut-être un peu; mais les femmes sont là comme des anges conciliateurs, et il n'y a pas de rancune pour le lendemain. La foule s'éparpille; le silence, fils de la nuit, règne sur les faubourgs; seulement quelques buveurs en retard descendent encore la rue des Martyrs en déraisonnant, gesticulant, ou fredonnant quelques refrains bachiques que n'a pas écrits Désaugiers.

— N° XXXIX. —

# LE MARCHÉ AUX FLEURS.

> Les fleurs, dans l'immense variété de leurs formes et de leurs couleurs, étonnent l'œil de l'observateur, et la combinaison de leurs parfums suffit seule pour effrayer l'imagination et faire dire avec le psalmiste : « Grand Dieu, que tes œuvres sont belles ! »
>
> Denne-Baron.

Par leur parfum, l'éclat et la variété de leurs couleurs et l'élégance de leurs formes, les fleurs exercent sur notre imagination et sur nos sens la plus douce des séductions ; mais elles ont un attrait plus puissant encore pour les habitans d'une grande ville qui, renfermés toute l'année dans un étroit espace, cloîtrés, pour ainsi dire, entre les murs, et n'ayant guère pour perspective que des tuiles, des cheminées, ou le dôme éloigné de quelque monument, appellent de leurs vœux impatiens le retour du joli mois de mai, qui va meubler le marché aux Fleurs de tous les trésors du printems. Il arrive enfin, après cette lune rousse si redoutée des propriétaires et des jardiniers, et bientôt chaque habitant regarnit son jardin, son jardin qui, semblable à ceux de la reine de Babylone, est élevé dans les airs, c'est-à-dire sur sa fenêtre. Les Parisiens sont tellement passionnés pour la belle nature, qu'ils sèment dans une petite caisse placée sur l'appui de leur croisée le haricot d'Espagne et la cobée grimpante, dont les longues guirlandes, s'étendant sur le fil conducteur, et se repliant sur elles-mêmes, défendent au soleil d'éclairer la mansarde de l'amateur.

C'était jadis sur le quai de la Ferraille que l'on étalait les dons du printems au milieu des raccoleurs, des barres de fer, des quincalliers, des échoppes de marchands d'outils et des cages à poulet. Flore expose maintenant ses doux présens dans un emplacement plus digne d'elle. Sous le règne de l'infortuné Robert, fils de Hugues Capet, la Seine, gonflée des nombreux tributs qu'elle reçoit dans son cours, baignait, en face du Palais-de-Justice, alors demeure de nos rois, les murs d'une chapelle dédiée à saint Barthélemy. Ce fut sur les marches de ce petit temple que le jeune monarque, banni du sanctuaire, vint souvent se prosterner, implorer le Dieu de miséricorde, et réclamer en vain l'amour et l'appui de ses sujets. Quelques juifs bâtirent des habitations sur les bords du fleuve. Ils en furent expulsés vers 1183; dix-huit maisons furent données à des pelletiers; la rue où ils demeuraient fut appelée rue de la Pelleterie. O vicissitude des choses humaines! sur le terrain où le dixième siècle avait vu s'élever la maison du Seigneur, on construisit un monument profane nommé théâtre de la Cité. Là brillèrent Bordier et Beaulieu, de comique, révolutionnaire et tragique mémoire; là Brunet préluda à son immortalité. Vis-à-vis de ce théâtre, qui a été changé en un passage, un quai vaste et aéré s'est élevé. Quatre rangées d'arbres, les seuls bientôt qui orneront nos places publiques, vont garantir des ardeurs de l'été les marchands, les fleurs et les chalands. Au lever de l'aurore, des jardiniers descendent des faubourgs ou arrivent de la banlieue, apportant les rians produits du règne végétal. Les pépiniéristes et les jardiniers ont l'habitude de se donner des sobriquets qui, consacrés par un long usage, s'identifient tellement avec la désignation patronimique, qu'ils sont obligés de les adopter dans les actes et les transactions. Pierre, dit *Apollon*, vous offrira des plantes de serre chaude; Jacques *le Magnifique* vous donnera des arbustes sans racines, et Antoine, surnommé *tout rond*, vous surfera des trois quarts.

On a dit que la Halle était le plus beau jardin potager de la France; le marché aux Fleurs en est à coup sûr le plus délicieux parterre; tous les goûts, toutes les affections, la gaîté et la mélancolie y trouvent abondamment les objets de leur prédilection. Accourez donc, Parisiens, c'est aujourd'hui mercredi, c'est aujourd'hui samedi. Hâtez-vous de quitter l'alcove silencieuse, dussiez-vous, pour la première fois, être obligés d'assister au lever du soleil; remettez à demain la fin de votre rêve d'ambition, de fortune ou d'amour, et venez jouir du coup d'œil le plus enchanteur; mais, quelle que soit votre diligence, je crains que vous ne soyez devancés par le respectable corps des bouquetières qui vous revendront au quadruple ce que vous auriez pu vous procurer quelques heures plus tôt à un prix raisonnable ; mais il faut que tout le monde vive, et il n'est pas étonnant que l'intérêt soit plus matinal encore que le plaisir. Déjà les marchandes de la galerie de bois du Palais-Royal, du passage Feydeau, des coins du boulevart, de la grille du théâtre des Variétés, sont venues s'approvisionner au magasin général. On y voit aussi ces grosses bouquetières de la rue aux Fers, aux immenses boucles d'oreille, aux longues chaînes d'or, qui tressent pour les tombeaux des couronnes d'immortelles, et disposent sur le fil de fer flexible le bouquet virginal de fleurs d'orange, première dot qu'apporte la jolie mariée à son jeune époux.

Déjà des hottes embaumées parcourent dans tous les sens les quartiers de Paris. Trottant menu, baissant les yeux à cause de la hardiesse du siècle, la petite ouvrière vient de faire ses modestes acquisitions. Sous ses deux bras arrondis en cercle, figurent le pot de *pensez à moi* et celui de giroflée, qu'elle placera sur le plomb de la gouttière qui est au dessous de la croisée de sa chambrette. Malheur au jardin qu'elle emporte, si quelque impertinent essaie, chemin faisant, de profiter de son embarras ; elle n'est point coquette et sacrifiera ses fleurs. Au basilic que porte si majestueusement ce petit homme, on reconnaît un restaurateur de la chaussure; la plante sera déposée tout à l'heure auprès de la cage de la pie, à qui cet *artiste* apprend, sans quitter son ouvrage, les finesses de la langue française. Le premier commis des bains Vigier, les garçons des nombreux restaurateurs et cafés de la bonne capitale, marchent sous la forêt mouvante des thuyas, lilas, seringas et alaternes panachés qu'ils font enlever pour le compte de l'établissement; la femme du négociant, de l'apothicaire, de l'huissier, les marchandes de modes et autres représentans de la petite propriété font une ample moisson de corbeilles d'or, de tubéreuses, de renoncules, de narcisses et d'œillets, tandis que la rentière et la vieille sage-femme, enveloppées dans leur mantelet noir et coiffées du bonnet qui était à la mode à la mort de Louis XV, tiennent soigneusement à la main le petit pot de chiendent qu'attendent Azor et Minet, dont l'estomac est surchargé de pâtée trop succulente et de gimblettes à la fleur d'orange.

Vers midi, arrivent les équipages. Des fem-

## LE MARCHÉ AUX FLEURS.

mes élégantes, et qui pourraient disputer de fraîcheur et d'éclat avec les objets de leur visite, descendent de leur voiture, et, sous l'ombrelle protectrice, passent en revue tous les miracles de la culture. Bientôt les calèches et les landaus sont encombrés de ce camellia que l'on a vendu 2,400 francs il y a peu d'années, de belles tulipes, fleurs si chères aux Hollandais, de cactiers et de tant d'autres plantes grasses, dont la tige est si difforme, dont la fleur est si belle, enfin du myrthe à fleurs doubles, consacré jadis à une fort jolie divinité païenne, et qui doit faire l'ornement d'une jardinière d'acajou.

Mais ne nous fions pas trop à l'apparence ; nous sommes dans le pays des illusions, et c'est ici que le piége est caché sous des fleurs. Ces arbustes, dont le pied est renfermé dans un panier à claires-voies, sont souvent privés de leurs racines. Ils ont une fraîcheur momentanée, grâce aux fréquentes immersions qui ont lieu dans l'un des bassins construits au milieu du marché! Ces tiges chargées de fleurs éblouissantes ne doivent une floraison précoce qu'à la chaleur des serres d'où elles sortent : exposées à une autre température, elles vont bientôt se flétrir, et nous n'aurons acheté qu'une jouissance fugitive ; tenons-nous en garde contre les primeurs ; ne cherchons pas follement à hâter la marche du tems, et ne soyons pas plus pressés que la nature.

Viennent les fêtes de ces patrons révérés, dont le nom a été plus généralement adopté, telles que la Saint-Pierre, la Saint-Jean, la Saint-Louis, la Saint-Charles et autres ! C'est à cette époque que le marché aux Fleurs voit une affluence plus nombreuse encore ; c'est un rendez-vous que chaque année le tems y donne à l'amour, à la reconnaissance, à la piété filiale et à l'amitié. Des familles entières viennent enlever tout ce que la saison a fait éclore de plus ravissant. Il s'agit de *fleurir* un père adoré, la mère la plus tendre, une sœur, une épouse, un ami. C'est moins l'offrande de l'usage que le présent du cœur ; c'est un passeport pour les paroles affectueuses et les nouveaux sermens d'aimer, et ces arbustes, dont la tête est soigneusement enveloppée dans un large papier, seront accompagnés demain, aujourd'hui peut-être, d'une fable, d'un compliment ou de quelques couplets. Tout cela sera trouvé charmant ; la sensibilité n'est pas un juge bien sévère. Qui sait si ces bouquets, auxquels on ajoutera des vœux sincèrement exprimés, n'amèneront pas une réconciliation, le pardon de quelques torts, et le réveil de sentimens qui n'attendaient qu'un prétexte pour reparaître? Ah! quel que soit le prix que le jardinier en ait exigé, ces fleurs n'ont pas été payées trop cher!

Il serait difficile de choisir une promenade plus agréable. Ici, les douces sollicitations que, du fond de leur petite guérite, vous adressent les marchandes fleuristes au large chapeau de paille ; là, les offres de service d'une armée de porteurs décorés de leur médaille, et jusqu'à la femme aveugle qui chante le long des pots de fleurs, et qui vous marche sur les pieds en vous demandant l'aumône, tout est mouvement dans le tableau qui s'offre aux regards du promeneur attentif. Mais, s'il a parcouru les ouvrages de M. le Fébure, qui a su ôter à la botanique tout ce qu'elle avait d'aride et de scientifique, en a simplifié les élémens, et, par la clarté et la grâce de ses descriptions, est parvenu à la faire aimer des gens du monde, quel nouvel intérêt il va prendre à l'examen de cette multitude de fleurs dont il connaît déjà l'origine, dont on lui a raconté les métamorphoses et les amours, dont enfin, au premier coup d'œil, il peut indiquer la famille! Son premier hommage sera pour les nombreuses variétés de cette belle rose que Redouté peint si bien, qu'ont chantée en jolis vers Constant Dubos, Mollevaut et Denne-Baron, et que madame Natier imite avec une si rare perfection. Les rosiers sont plus que jamais à la mode ; ils bordent toutes les allées, ils envahissent jusqu'au potager ; il n'est guère de jardinet qui, dans ses dix perches carrées, n'offre quelques douzaines d'églantiers, sur lesquels une main habile et légère a greffé *la mousseuse blanche*, *le maheka*, *la multiflore coccinée*, *la pimprenelle rose*, *la bullata*, *le pompon mousseux* et tant d'autres variétés inconnues à nos pères. Douce victoire, conquête innocente, qui n'a coûté de regrets à personne et qui distrait un moment notre pensée des agitations politiques, des misères de la Grèce et des tentatives des méchans! O mes amis, greffons des églantiers!

Il existe un ami des fleurs et des hommes, qui, partageant l'amour des Parisiens pour le plus aimable des végétaux, a conçu le projet bienfaisant d'acclimater et de multiplier à l'infini les espèces les plus rares, afin d'en diminuer le prix et de les mettre à la portée des fortunes les plus modestes. Non loin de Paris, sur la route de Fontainebleau, il a consacré un vaste terrain à ses innombrables élèves. Une foule de jardiniers secondent ses heureux desseins, et l'on peut espérer que bientôt le bureau de l'homme de lettres et la cheminée de l'employé ou du modeste créancier de l'état, seront ornés de ces plantes, qui n'ont encore élevé leur tige orgueilleuse que dans les salons de l'opulence. *

Qui ne sait que dans l'Orient les fleurs ont un langage, et que la beauté prisonnière, à l'aide d'un bouquet où elles sont mariées suivant leurs différens emblêmes, peut tromper les regards de ses noirs argus et faire connaître ses sentimens à celui que son cœur a choisi ? Je ne puis concevoir pourtant comment on parvient à envoyer ses sélams : tant de gens sont dans la confidence de ces allégories que les gardiens des harems doi-

* Le jardin de Fromont, à la sortie de Ris. Il appartient à M. de Coulange, qui accueille avec grâce et bonté les personnes qui vont visiter ses innombrables végétaux.

vent en savoir quelque chose. Ils arrêteraient un billet, et ils laissent passer des fleurs, hiéroglyphes amoureux, correspondance parfumée, où doivent être déposés des secrets qu'il leur importait de connaître! Mais les voyageurs l'affirment, les romanciers le veulent ; madame de Genlis a dit là-dessus les plus jolies choses du monde ; croyons donc aux sélams. Cette langue a d'ailleurs je ne sais quoi de mystérieux et de mystique qui plaît à l'imagination ; et, si j'étais encore dans l'âge des aimables rêveries, il me semble qu'un bouquet symbolique qui me viendrait de la dame de mes pensées m'enflammerait bien plus qu'un joli poulet ambré et orné des vignettes les plus ingénieuses. Cependant ce moyen offre des inconvéniens ; la moindre erreur peut produire des contresens, occasioner des quiproquo. Toutes les fleurs, d'ailleurs, ne naissent pas à la fois, et il faut que l'amour dure toute une année ; car, pour en écrire les déclarations, les aveux, les chagrins, il faut que la nature ou les serres chaudes puissent fournir les caractères de la langue.

Il n'y a pas long-tems qu'un officier, jeune encore, et qui avait fait la campagne d'Égypte, devint amoureux d'une jolie personne, sous les fenêtres de laquelle, Espagnol-Parisien, il ne cessait de se promener. La demoiselle était sous la tutelle d'un frère qui, marié et père de famille, convoitait pour ses enfans l'héritage de sa sœur, espérant qu'elle garderait le célibat, et en conséquence la surveillait avec toute la vigilance de Bartholo. Il apprit pourtant que sa Rosine aimait les fleurs et qu'une bouquetière lui en portait plusieurs fois par semaine. Notre militaire, qui, dans l'Orient, avait été initié aux mystères des sélams, imagina d'en faire usage, et établit son quartier-général au marché aux Fleurs. La bouquetière fut gagnée, et par son moyen il fit parvenir un œillet rouge, emblême d'un amour ardent. Quelques jours après il reçut du chèvrefeuille, symbole d'amitié ; il riposta par l'héliotrope, qui veut dire amour malheureux, et y joignit l'amaranthe, qui signifie constance. Long-tems il ne reçut que l'éternel chèvrefeuille ; à la fin on lui fit passer un bouton de rose (aveu d'amour), puis la véronique des prés (plus je vous vois, plus je vous aime). Notre amoureux fut enchanté ; la demoiselle n'avait pas encore atteint sa majorité ; il résolut de terminer le roman d'une façon militaire et de traiter son amante comme une redoute, c'est-à-dire de l'enlever, ce qu'il lui proposa dans un bouquet très-compliqué. Il paraît que la pupille n'était pas forte sur les sélams. Elle voulut faire une réponse plus longue qu'à l'ordinaire, et s'embrouilla tellement dans son discours, que l'amant surpris trouva parmi les fleurs le pied de lion (coquetterie), une capucine (raillerie), enfin une superbe ivraie, triste emblême de brouillerie et d'indifférence. L'amant fut au désespoir : peu s'en fallut qu'en quittant le marché aux fleurs il ne sautât par dessus le parapet. Il se calma pourtant, ce qui arrive presque toujours après une grande passion; mais croyant avoir reçu un congé de l'Amour, il en sollicita un autre de Mars, et dans cette double retraite, en véritable chevalier de tournois, il fit ajouter à ses armoiries une scabieuse, signe de tristesse et de veuvage.

— N° XL. —

## LES NOCES.

*Crescite et multiplicamini.*

Il n'y avait que Beaumarchais au monde pour appeler le mariage une des actions les plus bouffonnes. Je sais qu'il n'entendait pas parler de la consécration que donne l'Eglise, et qui lie dans les cieux ce qu'on essaie d'unir sur la terre ; il voulait signaler tous les accessoires mondains qui précèdent et accompagnent ce lien si doux ou si redoutable, charme ou tourment de cette courte vie. Si jadis la gaîté présidait à toutes les scènes de cette grande cérémonie, je puis assurer que c'est maintenant la chose la plus sérieuse, et que le proverbe *être à la noce*, pour exprimer l'ivresse du plaisir, est réduit de nos jours à un bien petit nombre d'applications.

Scarron disait qu'il y avait mariage d'argent, de circonstance, de convenance et de sentiment ; il y a encore les mariages de conscience, et ceux-ci sont les plus graves : ils ont la gaîté de l'expérience et les grâces du repentir. La convenance détermine peu d'alliances dans ce siècle ; elle n'impose la sévérité de ses lois qu'à quelques grands de la terre, jaloux de conserver la pureté de certains noms historiques : Chérin et d'Hozier y sont plus consultés que les notaires ; le génie des tems passés prononce les accords : ce sont des hymens de souvenirs. L'argent est le grand faiseur, le matrimoniomane par excellence ; quant au sentiment, il est relégué par un monde calculateur dans la classe des chimères et des gothiques traditions ; il est tombé comme la mythologie. L'amour n'a plus ce prestige romanesque du joli tems de la chevalerie ; le positif a détrôné l'idéal, et l'imagination n'entoure plus guère de ses enchantemens un lien dont Barême seul a réglé les conditions.

Il y avait quelques mois que je n'étais allé chez le comte de ***, dans l'hôtel duquel quelques anciennes relations de famille et des services rendus me faisaient accueillir avec une bienveillance particulière. J'y entrai au moment où la voiture du comte roulait avec le fracas du tonnerre sous la voûte de la maison. Il revenait du château, et me montra, au bas du contrat de mariage de sa fille, les signatures augustes dont le Roi et les princes avaient daigné l'honorer. Je le suivis dans ses appartemens ; il me présenta au futur. Je le connaissais déjà. Il porte un nom cher aux amis de la royauté ; et, sur les bords du Rhin, il a noblement payé sa dette à la monarchie. D'honorables cicatrices, certificats de blessures reçues par devant, nuisaient un peu au jeu de sa physionomie. De tels certificats commandent l'estime, et les femmes, amies de la gloire, trouvent quelques charmes dans une laideur héroïque ; mais il y a bien longtems que l'on combattait dans l'armée de Condé, et la date de sa gloire ne rajeunissait pas le héros. Quelques rhumatismes attestaient qu'il avait couché au bivouac. Il avait émigré fort jeune, et son esprit, faute de culture, était resté stationnaire au milieu d'un siècle où les lumières sont si généralement répandues. On me fit l'honneur de m'inviter à signer comme témoin à la municipalité. Au jour marqué nous nous rendîmes rue d'Antin. A l'aspect des voitures armoriées, la foule se pressa pour voir la mariée, et faire ses observations critiques ou apologétiques sur chaque personne qui descendait. Le fonds de ce rassemblement était composé des habitués, figures que l'on rencontre toujours au même endroit ou aux environs, et dont les traits restent si bien gravés dans la mémoire que, si par hasard on les rencontre hors de leur sphère, on est prêt à les saluer comme des connaissances. Il y a dans chaque arrondissement un certain nombre de braves musards qui assistent à tous les actes civils de la municipalité. C'est pour eux un spectacle, comme, pour d'autres, les débats des tribunaux, les trains de bois qui passent sous les arches de nos ponts et les tours des escamoteurs ; ils échappent ainsi un moment au tems, l'ennemi né de ceux qui n'ont rien à faire. Ils sont amis du greffier, qui, en prenant avec eux la demi-tasse et le petit verre, les avertit de ce qu'il y a à l'ordre du jour pour le lendemain : ce sont les provinciaux de la capitale. Hélas! le retour de l'ordre les a privés de tout ce qu'il y avait de plus piquant pour eux dans ces séances quotidiennes.

Quel plaisir d'examiner attentivement deux époux qui venaient demander au magistrat en écharpe la dissolution d'un mariage que le relâchement des mœurs, l'indifférence pour les principes religieux, une ambition désordonnée, et souvent un cachemire avaient frappés *d'incompatibilité*. Ils épiaient leurs regards, espéraient du scandale, et, à défaut de paroles, ils lisaient sur le front du mari la liste de ses chagrins domestiques, et dans les yeux de la femme la coquetterie, la malice et le besoin de dominer. Ils formaient des conjectures, cherchaient à deviner le plus coupable des deux, et cet événement fournissait aux entretiens de la semaine. Nos législateurs auraient dû les consulter avant d'abolir le divorce.

A leur poste, quand nous arrivâmes, ils formèrent la haie et montèrent derrière nous dans la maison publique. La fille d'un petit marchand se mariait le même jour que nous avec un grand jeune homme, que je reconnus aux gants blancs, à la mise soignée et à l'air empressé. Notre entrée l'inquiéta, et je le vis parler à l'oreille d'un employé, espèce de maître des cérémonies. Il demandait sans doute quel mariage devait se faire le premier. M. le maire était malade, et le premier adjoint, que ses affaires retenaient probablement au logis, n'arrivait pas. Je liai en attendant conversation avec le greffier, qui eut la complaisance de me montrer quelques signatures curieuses, entre autres celles du général Buonaparte et de Joséphine Beauharnais. Il n'y avait pas encore d'archi-chancelier pour lui présenter la plume, et le futur maître de l'Europe s'était marié comme un bourgeois. Plût à Dieu que toutes ses signatures eussent été aussi innocentes que celles-là!

Cependant on nous avertit que l'*autorité* allait entrer en fonctions. Le jeune homme aux gants blancs s'était déjà placé en dedans de la balustrade avec sa promise et les grands parens. Il nous regarda en souriant ; et je crus deviner qu'outre le plaisir de pouvoir appeler quelques minutes après sa femme la petite demoiselle qui était là, il n'était pas fâché de passer avant des gens titrés ; malheureusement une faute d'orthographe dans son extrait baptistaire ajourna son bonheur à huitaine : force lui fut de s'éloigner de l'autel municipal, et les gens de la noce s'en allèrent comme ils étaient venus. Nous n'avions pas de faute d'orthographe ; le *oui* fut prononcé sans peine comme sans plaisir ; l'adjoint fit un petit compliment fort convenable ; la jolie et nouvelle marquise descendit avec autant de gravité qu'elle était montée au milieu des flaneurs, des officieux et des pauvres. Le lendemain, la cérémonie religieuse fut encore plus en harmonie avec la gravité qui n'abandonnait aucun membre de la famille. La mariée articula *oui* exactement sur le même ton que la veille. Ses regards ne tombèrent pas une fois sur le vieillard qu'on associait à sa jeunesse. Etait-ce insouciance, était-ce résignation ? Le dîner fut triste ; l'étiquette et la dignité y répandirent leurs langueurs, et la soirée fut à l'unisson de cette froide journée. Les puissances législatives et les illustrations de la diplomatie erraient à la clarté de mille bougies. On parla beaucoup plus des Grecs et des dispositions de la Russie que du mariage qui venait de se conclure. Il fallait relire son billet d'invitation pour se persuader qu'on assistait à une noce ; seulement le son de quelques instrumens arrivait d'un salon lointain où l'on *marchait* des contredanses : on eût dit que les ménétriers avaient mis une sourdine à chaque instrument ; ils jouaient comme s'ils craignaient de se compromettre : la musique aussi était diplomate.

Il était dit que toute ma semaine serait occupée par des mariages ; le dieu d'hymen semblait m'avoir désigné pour être spectateur de tous ses triomphes. Je trouvai en rentrant deux invitations sur papier vélin orné de vignettes, où figurait l'amour avec son flambeau et ses couronnes de roses. Deux frères se mariaient, tous deux mes camarades de collége ; heureusement c'était à des jours différens. Ces deux frères ne se voyaient pas ; ils avaient suivi dans le chemin de la vie une route différente. L'un, partisan des vieilles coutumes, avait pris le commerce et la sagesse de ses pères. Il n'avait point surchargé de dorures, enjolivé de cariatides le magasin héréditaire ; ni le pâle citronnier, ni l'acajou superbe ne brillaient dans ses boiseries ; mais ses cases étaient remplies de marchandises, et les quittances des fabricans étaient amoncelées dans son secrétaire de noyer. Il marchait d'un pas lent, mais assuré, vers la fortune, qui déjà lui avait donné plusieurs à-comptes sur ses faveurs. L'autre, dévoré de l'inquiétude ambitieuse du siècle, s'était jeté à corps perdu dans les entreprises les plus hasardeuses; la Bourse était le champ de bataille où chaque jour il livrait des combats téméraires ; il spéculait par millions, le hasard avait été complice de ses hardiesses ; son délire s'était accru ; une armée de maçons élevait pour lui de nombreux édifices ; un passage nouveau où les arts avaient rassemblé leurs prodiges allait être ouvert au public, et un marbre incrusté au dessus de l'entrée principale devait porter en lettres d'or son nom à la postérité. Le modeste négociant avait parfois adressé à son frère de sages conseils ; ils avaient été reçus avec aigreur, et les fils d'un même père étaient devenus étrangers l'un à l'autre. J'étais resté l'ami des deux, et, comme une puissance neutre, j'offrais, mais en vain, ma médiation pour rapprocher les parties.

Le mariage du négociant eut lieu le premier ; il y invita son frère, qui refusa. La future était fille d'un commerçant dont le crédit n'avait jamais souffert d'atteinte ; presque tous les conviés étaient de ses confrères ; peu de gaîté, peu d'esprit ; mais le contentement de soi et des autres, et la conscience d'un avenir favorable, de l'abondance sans profusion, du luxe sans insolence. Le marié se prêta de bonne grâce à tous les usages qui ont obtenu force de loi, et, après s'être laissé embrasser et fleurir par les poissardes, qui ont établi un impôt sur la population nubile de la grande cité, il leur donna généreusement de quoi boire à la prospérité de sa famille; les pauvres ne furent point oubliés. Outre les dons qu'il répandit lui-même, une somme fut envoyée au curé pour les indigens de sa paroisse qui, souffrant sans se plaindre, ont la timidité qui craint d'être importune et la fierté que révolterait un refus. On dansa et les violons firent beaucoup de bruit. Chacun avait un ruban rose à sa boutonnière : c'était la jarretière de la mariée, qui pourtant n'avait pas été détachée. Le premier garçon de la noce avait fait une ample distribution de ces rubans. Coutumes de notre pays et de nos pères, pourquoi seriez-vous dédaignées? Nous raisonnons bien plus qu'autrefois et nous sentons moins; nous croyons être plus éclairés; qui oserait affirmer que nous sommes meilleurs?

Le grand jour, le jour de gloire brillait pour le frère capitaliste; le marbre venait d'être posé au dessus du fameux passage. Quel plaisir d'obliger tous ceux qui auront affaire là, ou s'y donneront rendez-vous, à prononcer son nom, beaucoup d'autres à le tracer sur la suscription de leurs lettres! L'immortalité, quel présent de noces à donner à la future, et à ajouter à la riche corbeille et aux diamans montés par Franchet! J'étais tout étourdi de l'éclat des parures, du fracas des carrosses. Un peuple de valets se croisait dans les salons, dans les escaliers; une armée de cuisiniers et de marmitons avait été renforcée par des auxiliaires qu'avaient envoyés Véry et Tortoni. Le ban et l'arrière-ban de la finance avaient été convoqués; la rue était encombrée de curieux; il ne manquait au triomphe du marié que d'apprendre qu'on avait loué des croisées sur son passage, et de voir un piquet de gendarmerie à sa porte. A la mairie, dans le temple du Seigneur, la prodigalité fastueuse avait répandu l'or; des aumônes avaient été jetées avec ostentation; la charité était ce jour-là d'une impertinence!..... Le festin fut digne de tant de splendeur. De bruyans éclats de rire étaient provoqués par des calembourgs, qui circulaient autour de la table; des plaisanteries équivoques étaient adressées à la mariée, qui n'en rougissait pas : il paraît qu'avec la liste des plats, on lui avait communiqué le menu de la conversation. Un bal aussi bruyant que le dîner, des tables d'écarté aussi périlleuses que la Bourse varièrent les plaisirs de la soirée ; et vers minnit le fameux M. Comte arriva avec tous ses prestiges. Le héros de la fête parcourait ses appartemens, souriait avec complaisance aux éloges qu'on lui jetait à la tête. Mais, malgré le succès de sa vanité, je remarquais quelque chose d'inquiet dans son regard. Il s'était absenté un moment ; à son retour, quelques nuages obscurcissaient son front ; bientôt il disparut. Déjà je m'étais mis à sa recherche, lorsque je me sens saisir par le bras et entraîner vers le cabinet du millionnaire. « Mon frère ! s'écrie le négociant, j'ai prévu ton malheur ; tu as été si heureux jusqu'ici, que le premier revers peut abattre ton courage. La peur grossit les dangers. Je connais tes affaires ; on peut les rétablir ; il ne faut que quelques avances : voici un portefeuille. Il te faut aussi du crédit ; je viens t'offrir le mien. Notre ami commun nous aidera dans nos démarches. Tu ne m'as pas invité à ton mariage ; je ne t'en apporte pas moins mon présent de noces. »

Je revenais quelques jours après pédestrement de la campagne d'un ami ; et, quelques pas avant la barrière, le bruit d'un aigre violon, accompagné d'une grosse caisse, et celui des danseurs, qui, en retombant presque en mesure, ébranlaient la maison, me fit lever la tête : toutes les fenêtres étaient éclairées. « Ici l'on fait nopces et festin, salon de cent couverts. » Ces mots étaient écrits en caractères qui, le jour, devaient se lire à une distance énorme. Je me rappelai que le fils de mon menuisier se mariait. Sa noce se faisait peut-être là. Curieux de voir un mariage populaire, je me mêlai parmi les personnes qui, le bouquet à la boutonnière, le chapeau à trois cornes posé de côté, et la démarche incertaine, remontaient au salon de cent couverts. Le bruit confus de trente personnes qui parlaient à la fois, la voix des ménétriers qui criaient aux figurans : la chaîne anglaise ! la queue du chat ! en avant deux ! une chaleur insupportable, une poussière pénétrante et des miasmes auxquels les parfums de l'Arabie heureuse ne venaient point se mêler, me punirent de ma curiosité. Il y avait pourtant là de la joie, de l'espérance et du bonheur ; mais cette joie et ce bonheur se manifestaient d'une manière un peu rude. Les témoignages d'amitié que se donnaient ces braves gens ressemblaient singulièrement à des bourrades. L'un des convives, qui avait laissé sa raison au fond d'une bouteille de vin à douze, entreprit avec moi une conversation, et, dans sa tendresse bachique, serrait, en les rapprochant, les revers de mon habit. Le jeune menuisier m'aperçut et me fatigua de ses politesses et de ses invitations ; il voulait à toute force me présenter à sa petite femme, et me procurer *l'honneur* de sa connaissance. J'échappai non sans peine à d'aussi aimables prévénances, et rentrai chez moi avec l'idée consolante que le monde ne finirait pas de sitôt.

## BICÊTRE.

— N° XLI. —

## BICÊTRE.

> Ulcère terrible sur le corps politique, ulcère large, profond, sanieux, qu'on ne saurait envisager qu'en détournant les regards, jusqu'à l'air du lieu que l'on sent à quatre cents toises, tout vous dit que vous approchez d'un lieu de force, d'un asile de misère, de dégradation, d'infortune.
>
> Mercier, *Tableaux de Paris.*

LE vieil adage *fabricando fit faber*, applicable à toutes les inventions, à toutes les institutions des hommes, semble l'être plus particulièrement à la capitale d'un grand royaume où se sont donné rendez-vous tous les gens qui ont du talent et ceux qui croient qu'ils en ont. De nouveaux besoins se font sentir, de nouvelles idées viennent échauffer la pensée ; d'autres combinaisons sont arrêtées ; d'autres formes sont improvisées, si le fond reste le même, souvent des améliorations naissent qui attestent et notre docilité pour les conseils de l'expérience et l'activité de notre imagination. Si les physiologistes ont reconnu qu'il y a des années climatériques où notre corps subit une révolution, Paris a aussi ses métamorphoses et n'attend pas toujours l'époque septennaire ou novennaire pour changer sa physionomie. Il a besoin, comme nous le disions dans le premier de ces articles, que ses historiens se renouvellent pour suivre ses continuelles variations, et il est assez piquant de rapprocher le Paris de *Mercier* du Paris de 1828. Cet auteur se plaignait que le sang des animaux ruisselât dans les rues, et des abattoirs ont été construits à une distance raisonnable de toute habitation; il blâmait la pesanteur et la lenteur des machines appelées *messageries royales*, et nous avons des voitures légères, commodes, avec des chevaux qui *dévorent l'espace*. Nous en avons même que la vapeur fait rouler au risque d'une explosion qui nous ferait entreprendre un autre voyage; nous versons quelquefois, mais nous allons vite. Il tonnait contre la frisure à trois étages, et nos têtes sont romaines; contre le rouge et les mouches, il n'y a plus de figures enluminées qu'au théâtre, et de mouches que sur la face des poissardes du mardi gras ; contre la gêne de nos vêtemens, et, dans nos pantalons cosaques, nos articulations sont libres comme celles des Orientaux. Les monumens qui font l'orgueil et l'embellissement de cette vaste cité ne sont plus associés à de misérables échoppes qui attristaient l'œil, masquaient des chefs-d'œuvre, faisaient hausser les épaules aux étrangers, et dénonçaient autant notre barbarie que notre négligence. Un stupide sectateur de Mahomet adosse sa boutique au temple de Minerve ; nous étions un peu Turcs ; la demeure de nos rois, isolée de tout autre bâtiment, a reconquis sa grandeur et sa majesté ; nous ne craignons plus les invasions des Normands, et nous élargissons nos rues.

Ces trottoirs que nous examinons à Londres s'établissent peu à peu, et il ne tient pas à M. le comte de Chabrol qu'on ne voie partout ces refuges du piéton contre la rapidité des chars de l'opulence. De nouveaux ponts réunissent les rives de notre fleuve ; des chaînes de fer vont, comme par magie, les suspendre dans le vague de l'air, et notre Louvre s'achèvera, s'il plaît à Dieu et à nos ministres. Un meilleur régime est établi dans les hôpitaux et dans les prisons; la mort et la vie ne sont plus confondues dans le même lit. Un prince auguste daigne visiter ces asiles, et, nouvel Howard, l'ami de l'humanité, calmer le désespoir et protéger le malheur. Bicêtre, comme les autres hospices, a été l'objet d'une sollicitude philantropique, et Mercier ferait un chapitre nouveau ; nous l'essayons en son absence.

Vers le midi de Paris, à une demi-lieue environ de cette capitale, s'élève une autre ville où toutes les misères humaines se rassemblent, et que peuplent chaque jour la vieillesse, les passions, les tribunaux, l'indigence et le malheur. *Hospice de la vieillesse* se lit au dessus de la grande porte ; mais Bicêtre est le nom que l'on donne depuis 536 ans à ce monument immense et que la tradition perpétuera sans doute encore pendant les siècles futurs. Sous ce nom de Bicêtre se déguise celui de *Winchester*, évêque anglais, qui, l'an 1290, fit bâtir un château en cet endroit, que l'on appelait auparavant *la Grange aux gueux*. Ce lieu est vraiment historique ; de grands événemens s'y sont passés. Là vécut l'ambitieux duc de Berri, oncle de Charles VI ; là fut conclu entre les Bourguignons et les Armagnacs un traité nommé d'abord la paix de *Winchester*, et ensuite la trahison de *Winchester*. Le corps des bouchers et les écorcheurs, qui étaient du parti du duc de Bourgogne, pillèrent et brûlèrent ce château, à la place duquel Louis XIII fit bâtir un hôpital pour les soldats estropiés à l'armée. Lous XIV, ayant conçu un projet plus étendu, donna Bicêtre à l'hôpital-général et bâtit les Invalides. D'après les ordres du grand roi, les indigens y étaient enfermés; aujourd'hui aussi une foule de vieillards trouvent dans cet asile des secours qu'ils solliciteraient de la pitié des passans. Parmi eux il y eut des citoyens qui, exerçant une industrie lucrative, ont, pendant longues années, versé dans les coffres de l'état une portion de leurs gains, et, lorsque des malheurs peu mérités sans doute sont venus les accabler, l'état rend à leurs derniers jours ce qu'il reçut de leur jeunesse. On les appelle encore les bons pauvres. Plût à Dieu que cet hospice fût encore plus grand et que le gouvernement pût y placer tous ceux dont la présence nous afflige et nous importune dans les lieux publics!

Les pensionnaires de Bicêtre sont fort heureux. Il faut visiter les dortoirs, les cuisines et l'admirable lingerie pour avoir une idée des soins dont ils sont les objets. A l'abri désormais des caprices de la fortune, ils vivent dans une molle insouciance, sans s'occuper du nombre d'années que leur réserve la Providence. Ils foulent d'un pied philosophique le pavé des vastes cours, ou se reposent sous le frais ombrage d'une quadruple rangée d'arbres. Tout ce qui excite nos inquiétudes, éveille nos sensations, leur est étranger; les choses du dehors n'existent pas pour eux; leur monde finit à la grille de l'hospice. Ils ne se sont pas mêlés du droit d'aînesse, ni de la loi sur les substitutions, ni du budget, où ils figurent sans s'en douter ; ils ne savent pas si dans l'Orient le croissant combat contre la croix, et ils ignoreraient peut-être le nom du roi de France, si ses bienfaits ne leur avaient appris à le bénir.

Je n'ai parlé que des oisifs : mais dans un bâtiment appelé le Palais-Royal, sans doute par antiphrase, on voit une foule d'ouvriers de tous états : les cordonniers y sont en majorité. Les ateliers ou boutiques n'y sont guère plus vastes que dans le véritable Palais-Royal ; mais à coup sûr on ne les loue pas aussi cher. Trois pieds carrés environ forment leur étendue ; mais on s'arrange dans cet étroit espace, et le travailleur trouve souvent moyen d'y loger une chaise pour les visites, et d'y ménager un petit coin pour la bouteille.

On s'empresse de vous montrer le fameux puits dont la description se trouve dans beaucoup de livres, et qui a, dit-on, servi de modèle à plusieurs autres bâtis dans les départemens. Un commensal de la maison est là qui guette les visiteurs, et, bien sûr d'une mémoire à laquelle il n'a confié que vingt phrases, se met à raconter, peut-être pour la quarante millième fois, la largeur, la profondeur du puits et la quantité d'eau que toutes les cinq minutes versent les seaux dans le réservoir. Tout le protocole est récité sur la même note. On croirait entendre une des têtes parlantes de l'abbé Micol, et l'on dirait que l'on a deux mécaniques sous les yeux. La pantomime succède à la parole : il se saisit d'une sébile, et jette l'eau qu'elle contient dans l'immense orifice. On est étonné et effrayé du tems qu'elle met à arriver au fond du gouffre. Des chevaux faisaient jadis mouvoir le chef-d'œuvre hydraulique ; ce sont maintenant des hommes. On serait tenté d'invoquer la puissance de la vapeur, si l'on ne pensait que ces hommes de peine obtiennent un modique salaire pour ce rude travail. Quand ils ont fait monter seize muids d'eau, ils ont gagné chacun six liards. La main-d'œuvre n'est pas chère à Bicêtre. Le démonstrateur n'a pas compris dans le nombre des mots qu'il doit articuler le nom de l'architecte ingénieux à qui l'on doit la machine : il s'appelait M. de Boffrand. A la culture des arts mécaniques, il joignait, dit-on, celle des belles-lettres et la connaissance des langues. Il a composé des ouvrages d'esprit ; il serait maintenant de toutes les classes de l'Institut.

Homme si vain de quelques idées acquises et de ce que tu appelles ta raison, que deviens-tu, lorsque le regard de Dieu s'est éloigné de toi ? Voilà ce que je me disais, quand, sur le vu de la permission que nous avions eu quelque peine à obtenir, on nous eût introduit dans l'enceinte des fous. Le premier individu qui s'offrit à nous, était un grand homme, d'une soixantaine d'années. La singularité de son costume et la majesté de sa démarche attirèrent nos regards. Il avait des sabots; une grande redingote bleue était retroussée d'un côté; une longue barbe descendait sur sa poitrine; un schall à effilé était chiffonné en turban autour de sa tête. On nous dit que cet homme se croyait souverain de je ne sais quelle contrée. La sébile à la main (car nous touchions au moment d'une distribution de vivres), il gesticulait comme un tyran de mélodrame. Il s'arrêta sur un petit tertre et nous fit un discours sur les devoirs des peuples envers les rois, et la conduite que ceux-ci doivent suivre pour rendre leurs peuples heureux. Il y avait de la liaison dans ses idées, et même une certaine éloquence dans le tour de ses phrases, lorsque tout à coup des mots incohérens se pressèrent sur ses lèvres. Le souverain s'aperçut sans doute qu'il allait compromettre son rang; car il s'éloigna en nous congédiant par un geste rempli de dignité. Je savais bien que la manie des grandeurs était depuis long-tems en possession de tourner la tête aux enfans d'Adam; mais je croyais que la folie des couronnes et des royautés improvisées était passée avec celui qui en avait fait une si ample distribution, et j'appris avec étonnement que le monarque qui venait de nous quitter avait été conduit à Bicêtre après l'année 1814.

Entraîné par l'erreur commune, je demandai le quartier des poètes. Je m'attendais à voir un autre Tasse, traçant sur les murs de sa loge les vers d'une autre *Jérusalem délivrée ;* mais les poètes épiques ne sont pas plus communs à Bicêtre que dans le reste de la France. Je cherchais au moins un faiseur de tragédies, le père de quelque dithyrambe et surtout quelque notabilité ténébreuse de la nouvelle école. Mais pour donner un démenti aux préjugés du vulgaire, aucun favori des Muses n'était là. Tout ce qu'on put me trouver, fut un pauvre diable qui se disait chansonnier. Son chapeau de paille était garni de quelques lambeaux d'étoffe et de débris de fleurs artificielles ; une espèce de portefeuille était attaché à sa ceinture ; sa main tenait un livre entr'ouvert ; mais sa tristesse contrastait singulièrement avec le titre qu'il se donnait. Ce n'était pas une raison pour le lui contester : ceux qui acceptent la mission de faire rire les autres, sont peut-être ceux qui rient le moins pour leur compte. Notre grand Molière était triste ; hors du théâtre, le fameux arlequin Dominique avait le spleen, et tel dont on répète chaque jour les refrains joyeux, déposant dans la solitude sa gaîté de commande, est plus tenté de soupirer la romance plaintive, que d'entonner un couplet bachique, ou d'aiguiser une épigramme burlesque. Tandis que je m'éloignais du chansonnier héraclite, un insensé, vêtu d'une manière plus bizarre encore que les autres, s'approcha de moi et me dit à l'oreille : « Monsieur, vous voyez bien tous ces gens-là ; eh bien, ce sont des fous. » Un autre se jeta à genoux devant nous, et, les bras croisés sur sa poitrine, s'écria : « MM. les princes et seigneurs, je vous salue de tout mon cœur! » On nous dit que naguères cet homme était d'une violence extrême. On change donc de folie!

En promenant mes regards sur les aliénés qui m'entouraient quelquefois, la singularité des attitudes et le comique des physionomies ou des costumes faisaient naître un sourire au milieu des témoignages de pitié que je leur accordais. Je remarquais que presque tous ces infortunés étaient avancés en âge. J'en conclus que les causes de leur folie dataient de la révolution, de ce tems d'extravagance où chaque individu, jeté hors de sa sphère, ne voyait plus d'obstacle au-delà de ses projets, et rêvait tout éveillé à des chances que parfois le hasard se plaisait à faire arriver. Le besoin de s'élever devenait alors une idée fixe, et la perte d'une longue espérance entraînait celle du peu de bon sens qui restait dans des cerveaux malades; il me semble lire sur tous ces fronts le mot *ambition*. Si mes conjectures ont quelque justesse, le retour à l'ordre diminuera le nombre des fous.

En écoutant l'histoire succincte de toutes ces aberrations, j'attendais toujours que l'on me fît celle d'un amant malheureux ou d'un mari inconsolable; mais il paraît que les Nina et les Arthémise n'ont guère d'analogues parmi les hommes; ce qui fait infiniment d'honneur à ces dames. Nos idées grossières s'attachent plus particulièrement aux choses matérielles et positives; nos sensations ne sont point assez profondes, assez exaltées, pour garder jusqu'à la fin de notre vie des regrets ou des chagrins d'amour. Les Werther et les Ortis ne sont que dans les romans, et ce n'est qu'à l'O-péra-Italien qu'il faut chercher un époux dont la mort de sa femme ait causé la démence. La perte d'une grande fortune, d'un emploi, la présence d'un grand danger suffisent pour troubler notre raison. Quelquefois une commotion violente ou un spectacle terrible amènent la folie ; nous vîmes un nouvel arrivé qui, ces jours derniers, avait été frappé de démence en assistant au supplice d'Ulbach. Cependant combien de femmes supportent un semblable aspect ! Les physiologistes écriront encore bien des volumes avant de nous donner sur ces anomalies des conjectures satisfaisantes.

Si nous avions applaudi aux soins qui environnent les bons pauvres, nous avons admiré les attentions délicates que l'on prodigue aux aliénés ; c'est ici que la philantropie redouble d'égards et de généreuses méditations. Tous ces hommes-enfans respirent l'air le plus pur, ont les alimens les plus sains. Ils errent dans des jardins émaillés de fleurs, auxquelles ils ne touchent jamais. Ils jouissent d'une grande liberté, et l'on s'attache à leur persuader qu'elle est entière ; ce mot de liberté a sur eux un effet magique, et les habiles médecins qui veillent sur ces infortunés en obtiennent chaque jour des résultats heureux. La raison n'est pas toujours aussi bien traitée que la folie. A travers la grille de leur enceinte, nous vîmes les furieux. Ils étaient en petit nombre, et rien ne gênait leurs mouvemens. Il paraît qu'ils peuvent se mêler sans danger, et qu'ils ne dirigent pas les uns contre les autres les accès de leur frénésie ; il y a chez eux un esprit de corps. Après nous avoir accablés de menaces et d'injures, ils avancèrent leur poignet en dehors des barreaux pour que nous y déposassions un peu de tabac. Ils sont tous très-amateurs de cette poudre narcotique.

Après avoir quitté les fous, trompés par le costume uniforme de tous les pensionnaires, nous nous imaginions en voir encore parmi les paisibles indigens qui se promenaient, comme en sortant d'un long carnaval on prend encore pour des hommes déguisés en femmes toutes celles dont la démarche est vive et le regard assuré.

Au milieu des bâtimens consacrés à l'indigence et aux infirmités, le crime a son quartier. Le mot liberté n'est point inscrit sur ces portes où l'art des serruriers joue un si grand rôle. C'est là que sont renfermés ceux que les tribunaux séparent pour un tems déterminé de la société. Là sont les futurs galériens qui attendent le départ de la chaîne ; c'est de là que sortent les condamnés le jour où il vont expier en public leurs attentats. On nous conta que Rata, la veille de son exécution, demanda un crayon et du papier, et dessina avec assez de talent l'assassinat du changeur Joseph. On lui demanda l'explication de quelques détails qu'il donna avec le sang froid le plus remarquable. « Me voici, disait-il; celui-ci est mon camarade, etc. » On ajouta qu'il voulut faire un second dessin représentant son supplice.

Cet asile est bien changé depuis le tableau terrible et peut-être exagéré qu'en fit Mercier. Comme il n'y a plus de détentions arbitraires, les peines ne sont que celles qu'ordonne la loi. Les ministres de sa sévérité n'ajoutent rien à des rigueurs qu'ils exercent dans l'intérêt général ; ils adoucissent même autant que leur permet le devoir le sort des condamnés. Dans le crime puni la pitié a le droit de voir le malheur, et l'humanité peut sourire encore au milieu des cachots.

— N° XLII. —

## LES MESSAGERIES ROYALES.

Voyage<br>Désormais qui voudra.

La cour des messageries est l'endroit ou la population est le plus en mouvement : c'est là que toutes les classes, tous les âges, viennent comme à un rendez-vous ; tout le monde a affaire ici. Que d'intérêts s'attachent au départ, à l'arrivée ! que de gens qui jouent un rôle actif dans ces scènes quotidiennes, se croisent en tous sens dans ce petit espace ! tableau reproduit tous les jours et pourtant toujours nouveau ! Parfois assis sur un ballot écarté à-demi caché par une diligence qui ne doit rouler que le lendemain, l'observateur attentif, après avoir jeté un coup d'œil sur l'ensemble, examine avec un intérêt curieux les moindres détails, esquisse le portrait de quelques originaux, et prend note d'une foule de drames qui s'accomplissent sous ses yeux : c'est devant lui que l'amour pleure sur un départ, que l'amitié se réjouit d'un retour. Il peut lire dans la pantomime expressive ou sur la physionomie de chacun les divers sentimens qui l'agitent. Il assiste aux démêlés des voyageurs avec le conducteur, aux querelles que celui-ci fait aux postillons; il entend parler à la fois, et dans toutes les intonations, la colère, l'impatience, le chagrin et la joie. Peut-être un conte moral, peut-être une petite comédie sera le résultat de ces observations. M. Picard, qui a mis en scène tant de voyageurs et d'événemens de diligence, a sans doute pris ici la nature sur le fait; et l'Hermite, qui ne manque pas de bon sens et d'esprit lorsque la politique n'est pour rien dans ses tableaux, a dirigé vers cette enceinte son excellente lunette. Comment oser refaire ce qui a été si bien fait? Voilà ce que je me disais en traversant lentement la cour des messageries depuis la rue Notre-Dame-des-Victoires jusqu'à la rue Montmartre. Je n'avais pas choisi ce lieu comme but d'une visite; je n'y avais cherché qu'un passage ; mais je passais en m'arrêtant souvent, quelquefois même en revenant sur mes pas. Il y a dans cette idée de voyage, d'absence, d'éloignement, quelque chose qui fait rêver ; l'on regarde avec intérêt ces énormes machines qui roulaient, il n'y a que quelques jours, aux extrémités de la France. L'imagination se représente rapidement les pays qu'elles viennent de parcourir : il semble qn'on veuille leur en demander compte ; on serait tenté de les interroger. Ici, une foule de souvenirs sont réveillés ; là, se fait sentir un désir vague de voir des choses nouvelles et singulières ; je ne sais quel dégoût de ce qui vous entoure dans la ville natale vient décolorer les objets ; une ardeur de pélerinage s'empare de votre esprit, et vous maudissez les liens misérables qui enchaînent votre existence aux rues si connues de votre quartier, aux habitudes fatigantes qu'un sort rigoureux vous impose.

J'étais déjà engagé dans cette étroite ruelle qui conduit à la rue Montmartre, lorsqu'une diligence y entra avec fracas. Le soin de ma conservation me fit rebrousser chemin. Ne trouvant point d'abri pour me réfugier, je fus obligé de rentrer dans la cour en fuyant, étourdi du bruit des chaînes de la voiture et de celui des fouets des postillons, qui annonçaient d'une manière éclatante leur arrivée. Quelques figures singulières que j'avais entrevues aux portières me firent naître la fantaisie de voir descendre la carrossée. A peine les chevaux étaient-ils arrêtés devant le bureau, que le conducteur ouvrait déjà la portière, que des commissionnaires de la maison s'étaient emparés de l'impériale, d'où ils jetaient pêle-mêle les cartons, les cassettes et les porte-manteaux; quelques voyageurs se chargeaient eux-mêmes du déménagement qui les regardait; la diligence était au pillage; un lourd paquet tomba sur le chien favori d'une bonne vieille; une jeune et jolie dame s'était hasardée sur le marche-pied; mais un gros voyageur, trop pressé de descendre derrière elle, avait mis le pied sur sa robe, et la pauvrette ramenait à grande hâte, et avec l'anxiété d'une pudeur alarmée, son vêtement principal, dont le butor ne pensait pas à lui rendre les contours. Derrière la voiture était la foule des parens, des amis, des amans; c'était sans doute un de ces derniers qui, pressé de causer avec une bien-aimée, descendit précipitamment du siége de derrière, se fiant à la courroie qui pendait à l'impériale. Mais, hélas! le cuir infidèle se cassa, et le jeune homme vint tomber au milieu d'un groupe, en enfonçant le chapeau rose de celle-ci, et mettant sens dessus dessous la cage du perroquet d'une vieille voyageuse. On se parla, on s'embrassa; des cris de douleur, de plaisir, d'effroi, de pudeur et de tendresse, s'élevèrent à la fois et se mêlèrent d'une manière discordante aux hurlemens du chien blessé et aux énergiques jurons du conducteur. Plus timide ou plutôt plus prudent, un petit monsieur sortait le dernier du cabriolet, implorant le secours du postillon pour diriger son pied tremblant sur les appuis placés d'étage en étage. Je le reconnus à ces précautions ; nos yeux se rencontrèrent, et, sautant légèrement jusqu'à moi, il se jeta dans mes bras et m'étouffa de caresses, quoique notre liaison ne fût rien moins qu'intime.

« Que le ciel me préserve désormais de la manie des voyages, s'écria-t-il après les premiers complimens, et surtout des voyages en diligence! J'ai parcouru toute l'Europe; mais j'avais alors une bonne berline de poste, un bon domestique sur le siége, un autre qui courait devant. Je descendais dans les meilleurs hôtels ; j'avais des traites sur tous les banquiers, des lettres de recommandation pour les meilleures maisons. Un honnête homme ne peut voyager que comme cela ; mais, hélas! la fortune ennemie est venue tarir les sources de mon opulence. Une mienne tante qui habite par-delà nos frontières tomba dangereusement malade ; on m'écrivit que ma présence était indispensable comme unique héritier. Un homme comme moi ne peut prendre la voiture publique. Ma lettre à la main, je voulus faire un appel à la bourse de mes amis ; je suis allé chez vous ; vous étiez à la campagne. Il paraît que tout le monde était absent ; je ne trouvai personne. Je m'adressai à d'honnêtes Israélites ; mais ils sont sourds maintenant à la voix suppliante des enfans de famille. Force me fut donc de monter dans ces détestables machines; j'espérais, grâce à la succession, me dédommager au retour. O disgrâce! ma tante était morte ; mais tout son bien était en viager, et le mobilier avait été pillé avant que les scellés ne fussent mis ; il fallut donc revenir par la diligence. Ah! mon cher, le hasard a rassemblé pour nous dans ce voyage toutes les chances malheureuses. Allons chez vous, je vous raconterai cela en déjeunant. » J'attendais qu'il fît prendre ses effets, mais je m'aperçus que mon homme avait, à la sagesse près, beaucoup de ressemblance avec un philosophe nommé Bias.

Après une réfection dont le malencontreux voyageur me parut avoir un pressant besoin, il me fit à peu près de cette manière le récit de ses infortunes.

« Il n'y a rien que je redoute plus au monde que les fâcheux; or, comme j'étais importuné tous les jours par des gens qui, parce que nous avions quelques petits comptes à régler ensemble, se croyaient le droit de me faire de fréquentes visites, et que je craignais que leur politesse n'allât jusqu'à m'accompagner à la voiture et tâcher, par intérêt pour moi, de mettre obstacle à mon départ, j'allai la veille avec tous mes effets m'installer dans une petite auberge à quelque distance de la barrière. Un rêve charmant berçait encore mon sommeil de ses douces illusions, j'héritais de ma tante, et trouvais son secrétaire garni d'or et d'excellens effets au porteur; je venais de découvrir certains diamans assez gros, lorsqu'on m'avertit que la voiture passait. Je m'étais couché à moitié habillé, je fus donc bientôt prêt et descendis à la hâte, suivi de mes effets portés par la servante ; mais la maudite diligence était déjà loin. Je me mis courageusement à courir après, traînant mon porte-manteau de la main gauche, portant sous le bras un autre paquet, tenant mon parapluie rouge et criant de toutes mes forces *arrête ! arrête !* Au bruit que je faisais, accoururent des chiens qui se mirent à japer autour de moi ; une grosse femme eut l'insolence de me montrer au doigt et de se moquer de ma disgrâce. Cependant la sueur ruisselait de mon front ; les jambes allaient me manquer, lorque la diligence s'arrêta vis-à-vis d'un petit cabaret où le conducteur et le postillon entrèrent pour boire le vin de l'étrier. Je l'atteignis enfin. On me fit quelques difficultés ; les voyageurs, à qui mon absence avait fait espérer qu'ils auraient leurs coudées franches, murmurèrent ; je fus admis enfin ; mais *j'avais perdu mon coin*, et fus obligé de m'incruster au milieu des plus larges individus dont de copieux dîners aient jamais fait enfler l'abdomen. Celui de droite était un chasseur qui ne se séparait ni de son fusil ni de son chien ; l'arme meurtrière était collée contre mon bras, qu'elle pressait, et le basset se coucha sur mes pieds. Je cherchai à les dégager, l'animal gronda, et de peur d'être mordu, je souffris la gêne de ma position. Nous roulions depuis quelques heures , lorsque le conducteur nous invita à monter la côte à pied. Chacun fut enchanté de ce moment de liberté, et déjà nous avions laissé notre équipage à un quart de lieue derrière nous; mais un orage imprévu vint fondre sur nous, et mon parapluie rouge était sur l'impériale ! Me voyez-vous, entourant d'un mouchoir mon chapeau de paille tout neuf, marchant, glissant au milieu de mes compagnons d'infortune, plus éclaboussé qu'éclaboussant. Cependant, comme la nature m'a fait observateur, malgré les ondes que le vent fouettait sur mon visage, j'aperçus le jeune sous-lieutenant qui, sous le parapluie tutélaire, donnait le bras à notre voisine du fond ; il avait passé sur l'épaule de sa compagne la moitié de son manteau, et la tenait étroitement serrée, sans doute pour lui épargner un faux pas; je fus attendri de son humanité. Plus loin , deux époux de l'âge de Philémon et Baucis résistaient en chancelant à l'orage. Tout à coup le vent redoubla de furie; la coiffe de Baucis vola dans les airs, et le chapeau triangulaire de Philémon resta accroché à son oreille. Le petit conscrit qui voyageait sur l'impériale riait tout en fumant son cigarre, et supportait déjà en militaire français l'inclémence des saisons.

» Il y avait deux heures que nous étions remontés en voiture, lorsque le postillon maladroit fit monter les roues de gauche sur les pavés amoncelés au bord de la route, tandis que les roues de droite, restant enfoncées dans une marre qu'avait produite l'orage, firent pencher notre équipage. L'effroi fut général : chacun sortit de la voiture, et barbottant à mi-jambes dans la marre, s'efforça de rendre l'équilibre à la diligence avec l'aide de quelques rouliers vigoureux que notre bonne étoile fit passer par là. Parmi les voyageurs qui montraient le plus d'ardeur, il fut plaisant de voir le pauvre Philémon, qui, appuyant la pomme de son parapluie contre sa poitrine, et en dirigeant le bout sur un des panneaux de la voiture, poussait de la meilleure foi du monde. J'avoue que je ne figurais point parmi les libérateurs. Je m'avisai de la perruche de ma tante et je grimpai sur l'impériale pour la soigner ; j'espérais échapper ainsi à la fange qui salissait les vêtemens de nos travailleurs. Mais rentrés dans la machine et serrés comme nous l'étions, ils s'empressèrent de m'en rendre ma part.

» Vit-on sans manger quand on voyage, disions-nous à chaque relai? Vain désir : le conducteur était trop occupé pour nous répondre, et les chevaux nous emportaient avec d'autant plus de rapidité, que nous étions plus légers. Enfin, le lendemain vers huit heures du matin, on nous arrêta à la porte d'une auberge, et l'on nous accorda une demi-heure pour nous livrer aux délices de la table. Avec quelle lenteur les servantes apportaient les plats! A peine avions-nous essayé d'un potage où surnageaient quelques filets de vermicelle, et goûté un petit vin de pays qui faisait faire la grimace au plus intrépide, que le barbare conducteur vint nous avertir qu'on nous attendait. Oh! pour le coup nous nous révoltâmes. Un de nous saisit le conducteur à la gorge, et ce ne fut pas moi. Ce coup d'autorité nous fit gagner quelques minutes, pendant lesquelles j'emplis mes poches de pommes et des massepains qui se trouvaient sur la table.

» Persuadés qu'après tant d'épreuves le sort cesserait de nous persécuter, nous nous remîmes en route avec sécurité ; mais nous n'étions pas à la fin de nos tribulations. Dans le quatorzième siècle, on faisait son testament quand on entreprenait un voyage de quelques lieues ; dans le dix-neuvième, l'excès de la civilisation ne nous met pas à l'abri des inconvéniens d'un grand chemin.

» Depuis quelques momens nous traversions une forêt. La remarque qui en fut faite par un des voyageurs amena la conversation sur les histoires de voleurs ; chacun raconta la sienne, et voulut enchérir sur les autres ; la dernière fut si effrayante que nous mettions tour à tour la tête à la portière, et que nous portions un regard mal assuré dans la profondeur des bois ; le moindre frémissement des feuilles nous faisait trembler, et les branches des arbres, agitées par le vent, nous semblaient de grands bras qui s'avançaient vers nous. Celui qui venait de nous faire le terrible récit se moqua de la peur qui se manifestait dans tous nos mouvemens. « Qu'ils viennent ! s'écria-t-il ; quel que soit leur nombre, c'est moi qui vous sauverai tous. » Il avait à peine fini ces mots, que la diligence s'arrêta. Une douzaine de brigands, placés de distance en distance sur les bords de la route, tenaient leurs fusils dirigés contre nous. Trois d'entre eux ouvrirent les portières, et nous ordonnèrent de descendre. Ils nous firent coucher à plat ventre, avec défense de regarder ce qui se passait. Nous obéîmes. Les voleurs nous dévalisèrent selon leur bon plaisir. Bientôt nous crûmes les entendre s'éloigner ; nous hasardâmes de lever la tête ; mais la vue des fusils menaçans nous fit coller le visage sur la poussière. Le plus hardi de nous, cependant, frappé de l'immobilité de ceux qui nous couchaient en joue, se hasarda d'approcher, et bientôt nous appela en éclatant de rire. Il renversa un chapeau rabattu, défit un vieux manteau, et nous fit voir un long bâton qui soutenait le mannequin. Déjà nous étions un peu remis de notre frayeur, et cette gaîté si française, qui ne nous abandonne pas même dans le danger, s'exhalait en plaisanteries. Nous cherchâmes celui qui s'était vanté de nous sauver, et nous trouvâmes notre héros encore à genoux devant un mannequin et le suppliant de lui accorder la vie.

» Deux lieues plus loin, des gendarmes vinrent demander nos passeports ; nous les priâmes d'aller les chercher dans les mains des honnêtes gens qui avaient fouillé dans nos poches.

» Il ne nous manquait plus que de verser ; ce fut notre dernier malheur ; nous le dûmes à la fantaisie qui prit au postillon de passer toutes les voitures ; une d'elle nous heurta si violemment que nous fumes culbutés. Heureusement nous en fûmes quittes pour des contusions plus ou moins fortes. »

Ici finit l'homélie de mon véridique narrateur. Quelques jours après ce récit, en regardant au passage de l'Opéra les lithographies de Sazerac et Duval, je fus fort étonné de voir à peu près les scènes que l'on m'avait racontées. Elle forment douze tableaux que l'on doit au crayon spirituel de M. Xavier Leprince ; il me parut fort clair que mon homme avait réellement vu les choses qu'il m'avait décrites, et mettait en action ces caricatures, comme le fit jadis Dupaty de l'incendie de Raphaël.

— N° XLIII. —

## LES MÉDECINS.

*Contra vim mortis non est medicamentum in hortis.*
Il n'est nulle part de remède contre la mort.
*Aphorisme de l'Ecole de Salerne.*

De tous les arts qui donnent à ceux qui les exercent une grande influence sur leurs semblables, l'art de remédier aux maux est sans contredit celui dont l'empire est le plus solidement établi. Fondé sur la faiblesse et l'espérance, il semble destiné à braver cette loi fatale du changement imposée à toutes les choses de ce bas-monde. Un médecin jouit du pouvoir absolu; aucune charte ne vient contrarier l'arbitraire de ses décisions; ses sujets sont confians et soumis, et ses ordonnances, reçues avec respect, sont exécutées avec une religieuse exactitude. Son règne même finit rarement avec la maladie : on croit lui devoir, on lui doit même peut-être la vie; et la reconnaissance, lui prêtant une foule de qualités sociales, lui rend une espèce de culte. Il est l'ami de la maison, le conseiller de la famille, le confident de tout le monde. En proie aux tourmens de la maladie, on interrogeait son regard, on recueillait la moindre de ses paroles; de retour à la santé, on s'est habitué à vivre sous son influence : à table, dans le cabinet, c'est toujours un oracle comme au chevet du lit. C'est lui qui préside au choix des amis; jamais pour lui le portier n'a de rigueurs; les domestiques recherchent sa protection; et la petite demoiselle, menacée d'un mariage de convenance, dit à l'oreille de l'Esculape le joli secret de son cœur, et le met bien souvent dans l'intérêt de ses jeunes amours. Qu'il était heureux ce docteur d'autrefois qu'un hasard favorable et la protection d'une dame de la cour mettaient à la mode! Laissant à ses confrères le soin de combattre des maux bourgeois, c'était contre l'insomnie d'un sybarite, la migraine et les vapeurs d'une petite maîtresse, qu'il exerçait les rares talens qu'on n'avait pas manqué de lui trouver en plaçant sur sa tête le respectable bonnet. Il avait le département des maladies imaginaires. Aussi sa thérapeutique ne mettait point les trois règnes à contribution ; toute sa pharmacopée se bornait au talent d'égayer ses malades avec des nouvelles divertissantes, de conter l'anecdote du jour, de l'aiguiser par le sel de l'épigramme, et d'ordonner l'air de la campagne, les eaux du nord ou du midi, selon la contrée où sa cliente lui avait fait entendre qu'elle voulait aller. L'aimable docteur inventait, organisait des fêtes et poussait la complaisance jusqu'à prendre un rôle dans les petites comédies d'à-propos, dont peut-être il était l'auteur. Hélas! les tems sont bien changés à certain point! On veut maintenant qu'un médecin guérisse : le siècle est exigeant. Je ne sais si ces messieurs remplissent bien les conditions modernes. Le nombre des décès n'augmente ni ne diminue, et le monde va toujours de même avec ou sans eux.

Dans l'ancien régime, chaque profession était distinguée par un costume qui lui était propre, et l'habillement d'alors favorisait cette grande variété. Les perruques surtout offraient des coiffures très-différentes, et, au lieu de ces têtes uniformes, que du haut des loges on aperçoit au parterre de nos théâtres, on voyait la conseillère des gens de loi, la financière des traitans, le bonnet des marchands et les trois marteaux de la faculté. L'ample habit noir, le dessous de même couleur et la canne à bec à corbin, complétaient le costume. Une voiture assez triste, traînée par un seul cheval et nommée demi-fortune, dont il ouvrait et fermait lui-même la portière, attendu que son domestique n'était pas plus nombreux que son attelage, portait dans tous les quartiers le docte élève d'Hippocrate. Il descendait lentement de son char et s'acheminait vers l'appartement du malade avec un air méditatif et solennel. Plusieurs même avaient pris l'habitude de gonfler leurs joues commme des joueurs de cornemuses, ce qui ajoutait beaucoup à leur importance. Quelques malicieux prétendaient que cette coutume leur était imposée par la plénitude de leur estomac ; la chronique affirme que ces messieurs sont les plus gourmands de l'espèce humaine.

Les médecins d'aujourd'hui ne font pas les frais d'une gravité aussi étudiée; soit que, n'étant plus distingués des autres membres de la société par une forme de vêtement particulière, ils aient laissé la solennité dans les plis de leur robe sépulcrale, ou dans une des mille boucles de la perruque gothique; soit que, faisant une première concession à l'espièglerie du siècle, qui se rappelle encore les plaisanteries du grand comique, ils aient renoncé au charlatanisme du maintien. La plupart ont une mise élégante, une conversation du monde et des manières à la mode. Un cabriolet rapide a remplacé la lourde demi-fortune; quelques-uns ont plusieurs chevaux et en changent plusieurs fois dans la journée. Paris est si grand! Bientôt peut-être on sera forcé d'établir des postes et des relais dans son enceinte. Mais, pour rouler ainsi dans la vaste cité, il faut une clientelle nombreuse, par conséquent une certaine renommée, et Dieu sait s'il est difficile de se faire une réputation dans la capitale des Gaules! La concurrence, effrayante dans tous les états, semble l'être plus particulièrement dans l'art de guérir et dans le barreau. Les écoles de médecine et de droit sont encombrées d'une multitude de candidats, dont les trois cinquièmes seront avocats sans causes et médecins sans malades. On a beau comparer le mérite timide à la violette qui se cache, mais que trahit son doux parfum, dans l'état actuel de la société le mérite est obligé de dire : *Me voilà*. C'est une chose convenue ; il est vrai que la médiocrité en fait autant, et d'ordinaire a la voix très-éclatante; alors choisis si tu peux. Quand l'occasion manque, la ruse y supplée, et dans ce genre les méridionaux sont passés maîtres. On raconte que l'un d'eux, tourmenté du désir d'exercer le droit de *seignandi et purgandi per totam terram* que lui avait donné son diplôme, imagina de faire frapper, pendant une nuit obscure, à toutes les portes de la rue où il demeurait, hélas! incognito. « N'est-ce pas ici, demandait-on à la portière encore tout endormie, que loge M. \*\*\*? — Non. — De grâce, ne sauriez-vous pas son numéro? — Quel est son état? — Comment! C'est un médecin fameux. — Je n'en ai jamais entendu parler. » Le lendemain matin, tous les suisses, concierges et portiers, rassemblés autour de la laitière du coin, se racontèrent le réveil nocturne ; les maîtres l'apprirent au petit lever; chacun fut émerveillé d'apprendre qu'il y avait un grand homme dans le voisinage, et l'année n'était pas tout-à-fait écoulée, que l'adroit Esculape fit ouvrir les deux battans de la porte cochère pour sortir en demi-fortune.

Le jeune homme qui se voue à l'art d'Hippocrate ne voit en perspective que les succès, la gloire et les douceurs de cette belle profession ; il n'en soupçonne pas les fatigues, les dangers, les dégoûts, les privations et les sacrifices. Le plus grand nombre reculerait peut-être s'il pouvait soupçonner tout ce que lui imposera son initiation. Le véritable médecin ne s'appartient plus ; il est tout à l'humanité. Sa vie est irrévocablement attachée au chevet des malades. C'est un soldat qui doit marcher au devant de la mort; le danger n'est rien pour lui, le devoir est tout ; et, si quelque épidémie réclame ses soins, nouveau Curtius, il se précipitera dans le gouffre pour sauver ses concitoyens. Le nouveau docteur que sa destinée appelle au fond d'une province, enviera peut-être le sort de ses condisciples que la capitale réclame. Hélas ! il ignore ce qu'il regrette, et peut-être ne sera-t-il pas inutile de tracer à ses yeux le tableau de l'existence d'un médecin de Paris. Nous le supposerons jouissant d'une réputation bien affermie, et délivré enfin de tous les obstacles qui ont entravé ses premiers pas dans la carrière. Il habite un quartier populeux et riche ; un char élégant le conduit partout où l'appelle la confiance publique, et, pour comble d'honneur, il est inscrit dans l'Almanach royal au nombre des officiers d'un personnage auguste. Eh bien! ce n'est qu'une victime titrée, le martyr perpétuel de sa profession. Suivons-le seulement un jour, nous connaîtrons toute sa vie. Dès l'aurore, si quelque établissement public confié à ses soins ne l'arrache pas à un sommeil réparateur, il court aux hôpitaux où doit se faire une expérience nouvelle. L'art marche à grands pas, et, de nos jours, le maître le plus habile ne cesse pas d'être élève. Quelques visites à ceux de ses cliens le plus dangereusement malades emploient le reste de la matinée. Il rentre, et son cabinet est déjà assiégé par des gens de tous états qui viennent le consulter, et son portier lui remet vingt billets par lesquels on le réclame. Une toilette est faite à la hâte, la liste des visites est dressée ; à peine aura-t-il le tems d'embrasser sa femme et ses enfans, qu'il ne reverra peut-être pas de tout le jour. Le voilà courant dans tous les quartiers de Paris, montant à tous les étages, depuis le sombre entresol et le fastueux premier jusqu'à la mansarde indigente qui forme le sixième. Ici il doit être témoin d'une cruelle agonie; là il est obligé de deviner une maladie feinte; ailleurs il n'a pu triompher de la nature, et se trouve en présence d'un confrère que l'on a cru plus habile ou plus heureux. Je ne m'étendrai pas sur toutes les peines, toutes les inquiétudes qui assiégent le médecin jaloux de son honneur et de sa réputation; les préjugés et les exigences des malades, leur ingratitude, leurs caprices; cela est de chaque pays, et n'appartient pas à Paris seul. Ce qui caractérise cette immense ville, c'est son étendue, qui n'est déjà plus en rapport avec la durée des jours et des heures ; c'est ce tourbillon dans lequel le tems va s'engloutir avec une effrayante rapidité ; c'est cette fatigue de corps et d'esprit, cette contention continuelle qui font de certains états un supplice semblable à la roue d'Ixion.

Il est cinq heures : le médecin est rentré chez lui ; il espère goûter quelques instants de repos et dîner en famille, ou bien il est invité à venir célébrer la convalescence d'un malade reconnaissant. Mais on agite violemment la sonnette de la porte : un homme a été frappé d'apoplexie à quelques pas de la maison, un maçon est tombé d'un échafaudage, ou la justice requiert un procès-verbal au sujet d'une mort violente. Dîner, famille, joyeux amis, il faut tout quitter pour vaquer à de tristes et souvent gratuites fonctions. Après une journée aussi pénible, il devra encore passer la soirée sous des rideaux, au milieu des miasmes de la fièvre. Les pas voluptueux de Paul, d'Albert, de Noblet et de Legallois, les chants divins de Cinti et de Pasta, les accens tragiques de Duchesnois et de Kemble, ne sont point faits pour le médecin célèbre et dévoué ; il devra même au ciel des actions de grâces lorsque, par hasard, il aura pu jouir, sans être interrompu pendant la nuit, de quelques heures de sommeil.

La ressource ordinaire pour les jeunes praticiens est de se faire nommer médecins d'arrondissement pour les pauvres. On guérit gratis, en attendant qu'on guérisse pour de l'argent; ce moyen est lent ; il vaut mieux s'attacher à un médecin en crédit, gagner par des assiduités, des complaisances et une admiration à toute épreuve, ses bonnes grâces. Le Mécène alors pousse dans le monde l'aspirant, et lui donne *le trop plein* de ses malades.

Conserver, ou recouvrer les faveurs de la bienfaisante Hygie est la première affaire des hommes : aussi voit-on ses ministres attachés à tous les établissemens et associations, partout où il y a un certain nombre de personnes rassemblées pour leur intérêt et même pour leur plaisir. Chaque théâtre a le sien. L'utile et l'agréable se réunissent dans cette joyeuse clientelle. Il n'y a nulle part autant de malades volontaires ou forcés que dans la gent tragique ou comique et les chanteurs. La plus petite variation de l'atmosphère vient déranger les cordes de leurs voix; les rhumes forment la partie la plus importante du casuel du docteur. Quelle influence est la sienne! l'époque, le sort même de la pièce nouvelle, la prospérité du théâtre dépendent de lui; la gloire de l'auteur et l'embonpoint de la caisse tiennent à ses redoutables ordonnances. Aussi, chaque soir il règne dans les coulisses. C'est là qu'en attendant une entrée, ou dans l'intervalle d'un acte à l'autre, on vient sous le manteau grec, la livrée de Champagne, ou la cornette de Babet, lui demander audience; il donne sa consultation sous la tente du roi des rois, dans le salon d'Araminte ou dans le moulin de Michaud. C'est chez telle ou telle actrice qu'il voit rassemblées les notabilités diplomatiques ou militaires des nations voisines, qu'il acquiert la connaissance de quelques grands étrangers, ce qui lui vaudra de la réputation, de l'argent et même des rubans. Jadis on ne voyait que des brandebourgs ou des fourrures sur l'habit de nos médecins; on y voit maintenant briller des décorations de toutes les couleurs, et l'on prendrait tel ou tel médecin ou chirurgien de nos jours pour un général en habit bourgeois.

Jeune chirurgien et vieux médecin, disait-on dans les anciens jours. Nous sommes maintenant pour la jeunesse, et l'on est tout étonné d'entendre appeler docteur un joli élégant dont le menton n'est point encore abondamment pourvu des marques de la virilité.

Les conférences sont à la mode; de jeunes notaires, avoués, avocats et médecins se réunissent certains jours. Là, sous la présidence de l'un d'eux, on parle métier, on fait part à l'assemblée des choses remarquables qui se sont présentées dans la semaine ; on propose des cas difficiles ; les avocats plaident pour et contre, les médecins proposent des traitemens, les avoués inventent des significations et des saisies, les notaires des hypothèques, et l'on se sépare avec le projet d'appliquer dès le lendemain à des maux trop réels les expédiens que l'on vient de trouver pour des calamités imaginaires.

On est déjà arrivé à l'apogée de sa carrière ; on est tout parfumé de réputation, et d'honnêtes revenus viennent répandre dans l'intérieur du ménage l'abondance et le contentement. Ce n'est pas tout : une noble ambition agite le médecin jusque dans son sommeil; il lui faut plus qu'une renommée viagère dont la tradition ne lui survivra que peu d'instans. Comme Achille, il ne veut pas *mourir tout entier*. Il faut qu'il appelle la postérité au partage des bienfaits qu'il verse sur ses contemporains. Il écrit donc et lègue au monde les trésors de son expérience. S'il est sage, il ne dira que ce qu'il sait; mais, trop souvent entraîné par ses méditations au-delà de la vérité, excité par le désir de fonder une nouvelle école, il se jettera à corps perdu dans les systèmes. La médecine débilitante, les quarante verres d'eau, la lancette *inhumaine*, les sangsues ou l'acupuncture seront le fruit de ses doctes élucubrations. L'attention publique est éveillée; des partisans paraissent; des adversaires se présentent; on se bat à coups de brochures, et cette polémique donne à l'inventeur du système une immortalité de quelques mois. La mode même le consacre un moment comme une nouveauté; mais la capricieuse déesse se plaît autant à détruire qu'à édifier, et l'oubli dédaigneux ne tarde pas à faire évaporer la merveilleuse panacée. Qu'est devenue l'inoculation? que deviendra la vaccine chancelante après un règne de vingt ans? La nature semble se jouer de ceux qui veulent lui arracher ses secrets. Je voudrais pouvoir deviner ce que penseront les industriels de l'an deux mille deux cent quarante des sublimes découvertes de notre siècle. Il ne m'est pas permis de décider si la médecine a fait des progrès, s'il lui est possible d'en faire; un doute timide me sera sans doute permis. L'astronomie et la chirurgie sont positives; la médecine, science conjecturale, tâtonnera peut-être toujours dans les vastes ténèbres de l'inconnu.

Mais ne disons point de mal d'un art qui, au milieu des prétentions exagérées de quelques-uns de ses professeurs, parvient cependant à des résultats utiles, d'un art qu'honorent une foule de noms fameux, d'hommes à la fois habiles et modestes, courageux avec calme et bienfaisans sans ostentation. Souvent sous les combles des hautes maisons de cette cité, dans le galetas de l'indigence, j'ai vu de dignes médecins, bravant la fatigue et le dégoût, apporter à des hommes souffrans les secours les plus généreux. Ils prolongeaient une visite qui ne devait pas leur être payée pour chercher dans leurs études les moyens d'adoucir des maux affreux. Après avoir ordonné des remèdes salutaires, et indiqué des alimens réparateurs, ils plaçaient dans la main du malade l'or qui devait les payer, et, par une double bienfaisance, leur donnaient les moyens de conserver la vie après la leur avoir rendue. La religion et l'humanité leur eussent sans doute conseillé d'aussi nobles actions ; mais leur qualité de médecin complétait le bienfait.

— N° XLIV. —

## LES JEUNES AVEUGLES.

> Ils sont privés du jour avant que d'expirer
> VOLTAIRE, *Œdipe.*

La Providence n'a départi qu'à un petit nombre d'individus ce qu'il faut de génie pour créer, de persévérance pour achever, et de patience et de goût pour perfectionner. Ces élus font un usage bien différent de ces rares qualités. Excités par l'appât du gain, les uns inventent de nouveaux procédés pour les manufactures, vont chercher dans les élémens des agens plus puissans, condamnent à l'inaction les mille bras de la classe ouvrière, obtiennent des médailles et font leur fortune; d'autres, dont la pensée est plus noble, cherchent à reculer les limites de nos découvertes scientifiques, explorent les astres, interrogent les trois règnes, essaient de deviner les secrets de la création, courent d'un pôle à l'autre noter les innombrables variétés des espèces et bornent leur ambition de gloire au nom de membre de l'Institut, et leur ambition de fortune aux 1,500 fr. par an que ce titre leur assure. Il en est enfin que le saint amour de l'humanité embrasse; qui, touchés des maux de leurs semblables, cherchent sans cesse à en diminuer la somme. Parfois il plaît à la volonté mystérieuse du Créateur de laisser sortir de ses mains des êtres incomplets; de généreux philantropes viennent au secours de ces infortunés; et, à force de méditations et d'ingénieuses tentatives, parviennent quelquefois à suppléer par un art admirable aux portions de la vie dont ils sont déshérités. Souvent les travaux de ces amis des hommes restent long-tems ignorés, jusqu'à ce que la reconnaissance révèle leurs bienfaits et leur garantisse l'admiration et les respects de la postérité. Tel fut pour les sourds-muets l'immortel abbé de l'Epée; tel a été pour les jeunes aveugles Valentin Haüi. Il rêva long-tems aux moyens de remplacer le sens le plus utile, de faire participer les aveugles malheureux aux avantages de l'éducation, et de les rendre ainsi moins à charge à eux-mêmes et à la société. Après avoir inventé des méthodes et des procédés, il voulut en faire l'application et établit une école à ses frais; mais il avait moins consulté ses ressources que son zèle. M. Hauï s'adressa à ce prince qui, le matin même du jour où il fut proclamé roi, écrivit cette lettre au contrôleur-général : « Je vous prie de faire distribuer 200,000 livres aux pauvres des paroisses de Paris, pour prier pour le Roi. Si vous trouvez que ce soit trop cher, vu les besoins de l'état, vous les retiendrez sur ma cassette et sur celle de madame la dauphine. » Louis XVI accueillit la demande et daigna fonder l'école. Mais un plus grand bienfait lui était réservé à la restauration. Louis XVIII ordonna qu'elle fût séparée des Quinze-Vingts, avec lesquels elle avait été confondue. On l'établit rue Saint-Victor, dans des bâtimens qui faisaient partie du collége du cardinal Lemoine et d'un ancien séminaire appelé Saint-Firmin. Ce séminaire avait été habité par le héros de la charité chrétienne, saint Vincent-de-Paul, et, par un singulier caprice du hasard, avait servi d'asile au plus grand ennemi de Rome, au fameux sectaire Calvin.

M. Haüy ne paya point tribut à la nature avant de voir la prospérité de cette belle institution. Ses enfans adoptifs lui donnèrent par d'étonnans progrès la plus digne récompense de ses travaux. L'un d'eux surpassa des rivaux clairvoyans; une inscription placée dans le vestibule qui précède la salle des exercices, nous apprend qu'un nommé Paingeon, aveugle-né, remporta deux années de suite, au lycée Charlemagne, le premier prix de mathématiques, fut nommé professeur de cette science à l'institution même des jeunes aveugles, et depuis à Angers; qu'enfin dernièrement il a reçu la décoration de la Légion - d'Honneur. Ainsi donc le génie de l'homme, échauffé par la charité chrétienne, a triomphé d'un des plus grands obstacles que lui ait opposés la nature, trompé la cruauté du sort, vaincu le malheur même, et, plus heureux que Prométhée, animé d'une existence morale des êtres condamnés à ne vivre que d'une vie végétative. En voyant d'aussi grands résultats, on est tenté de pardonner aux lumières les conséquences fatales que leurs progrès ont traînées à leur suite. L'active prévoyance des chefs de l'institution a pourvu aux besoins de tous ces jeunes élèves. Le rire est sur leurs lèvres; la santé colore leur visage. La clarté est pour eux une chose sans nom ; la privation d'un bien que l'on ne connaît pas ne saurait exciter de regrets. Si d'ailleurs la force de leur imagination, aidée des confidences de ceux qui les entourent, les conduisait à des jouissances qu'ils n'ont pas, ils n'auraient guère le loisir de se livrer à des rêves douloureux; des occupations variées prennent toutes les heures de leurs journées. Ils paraissent....., ils sont heureux. Cette idée consolante, sans rien diminuer de l'intérêt qu'ils inspirent, arrête les larmes que la pitié est prête à répandre sur eux. Leur tact a acquis une si grande sensibilité, que les aspérités d'un corps que notre œil ne saurait découvrir n'échappent jamais à la délicatesse de leur toucher. Ils jugent mieux que nous de la rondeur d'un objet, et l'on peut dire, sans métaphore, qu'ils voient avec les doigts. On a prétendu que la privation ou la perte d'un sens tournait au profit des autres. La proposition serait plus rigoureusement vraie si l'on disait que la nécessité, tenant les sens qui survivent dans un exercice continuel, leur fait acquérir une perfection qu'ils n'auraient pas atteinte si tous s'étaient prêté un mutuel secours. On a cité cet homme qui, affligé pendant vingt-cinq ans d'une cataracte, recouvra la vue par une habile opération. Pendant sa cécité, il avait tellement contracté l'habitude de s'en rapporter au toucher, qu'il fallait le violenter pour qu'il fît usage du sens qu'on lui avait rendu. Il faisait encore, les yeux fermés, tout ce que nous faisons les yeux ouverts.

L'ouïe est exquise chez eux, et l'odorat d'une subtilité prodigieuse. Grimm parle d'une demoiselle de Salignac, aveugle presqu'à sa naissance : le son de la voix avait pour elle la même séduction ou lui inspirait la même répugnance que la physionomie pour celui qui voit. Un de ses parens eut avec la famille un mauvais procédé : « Ah! dit-elle, qui l'aurait cru, avec une voix si douce! » Quand elle entendait chanter, elle distinguait des voix *brunes* et des voix *blondes*. Jugeant à l'impression de l'air de l'état atmosphérique, elle devinait si le tems était nébuleux ou serein, si elle marchait dans une place, dans une rue, dans un impasse, dans un lieu ouvert ou fermé, dans un vaste appartement ou dans une chambre étroite. Quand on lui parlait, la direction du son, qui la frappait du haut en bas ou de bas en haut, lui faisait juger de la taille de l'interlocuteur. Elle mesurait l'espace circonscrit par le bruit de ses pas ou le retentissement de sa voix. La topographie d'une maison qu'elle avait parcourue restait tellement dans sa mémoire, qu'elle avait coutume de prévenir les autres des petits dangers qu'ils couraient, et de leur dire : « Ici, la porte est trop basse ; là, il existe tant de marches. » Je conçois qu'en se rendant un compte minutieux de ses sensations, elle ait pu parvenir à deviner ce que la vue nous apprend ; mais les voix brunes ou blondes ne sont pas aussi faciles à expliquer. Comment aurait-on pu lui donner une idée des couleurs? Ici, le contact, seul moniteur de l'aveugle, est impuissant. Tout le monde a vu sur nos boulevarts deux aveugles jouer au piquet. Les cartes n'avaient aucune saillie, du moins à nos regards; il fallait bien pourtant que la forme les avertît : la couleur n'entrait pour rien dans leurs calculs, et si, en jetant sur la table un treffle ou un carreau, ils le nommaient noir, rouge, ou blond et brun, comme les voix de mademoiselle Salignac, ces qualifications, qu'on leur avait apprises, ne présentaient rien de positif à leur esprit ; ils répétaient ces mots sans les comprendre.

J'ai dit que chaque heure amenait pour les jeunes aveugles un travail différent ; ici, la paresse est inconnue. Les distractions, qui dans nos colléges gâtent tant d'études, et font avorter tant d'heureuses dispositions, n'existent pas pour eux. Leur infirmité les porte à la réflexion : penser est l'unique affaire de leur vie, et les pensées qu'on a jetées une fois dans leur cerveau y fermentent, germent, et se développent avec une rapidité prodigieuse. On obtient des résultats aussi favorables que prompts en s'adressant à leur intelligence. Leur douceur, leur soumission constante, les rendent très-attentifs aux leçons de leurs maîtres.

Leurs livres sont imprimés de droite à gauche et d'un seul côté ; la seconde feuille est collée sur la première, et, retournées dans le livre, elles présentent à nos regards et à leur toucher les blanches saillies des caractères, qu'ils peuvent lire comme nous de gauche à droite. On devine que chaque élève a son livre, et que ce livre est très-volumineux : c'est un épais in-4° que celui où ils suivent l'office divin, dans la jolie chapelle où se recueille leur piété. Les cartes géographiques sont estampées avec le même procédé ; mais les côtes et le cours des fleuves et des rivières ont un relief plus prononcé.

L'instruction religieuse, les études grammaticales et les difficultés de la langue, la géographie, l'histoire et la lecture de quelques classiques, conduisent l'élève jusqu'à sa rhétorique. Les jours de composition, on leur donne pour amplification un sujet historique. Il est singulier de voir leurs gestes et leurs attitudes quand ils composent : l'un pose sa main sur ses yeux, comme pour se priver de la vue des objets qui pourraient le distraire ; l'autre semble diriger vers le ciel des regards qui n'existent pas. Ils se démènent et se contorsionnent dans tous les sens. C'est le travail de l'enfantement. Bientôt ils s'approchent de quelques professeurs, et dictent à voix basse et sans hésitation le discours tout entier qu'ils viennent de méditer. On dit que la plupart de ces compositions ne seraient pas indignes de voir le jour, et que presque toutes ont un cachet d'originalité remarquable : c'est une véritable improvisation. Je ne serais pas étonné que quelques-uns fussent un jour des orateurs distingués. L'honorable député, qui, dans l'une des dernières sessions, s'est montré l'ennemi des discours écrits, devrait désirer qu'en sortant de l'institution nos aveugles devinssent éligibles et élus.

Mais, si l'on peut espérer des orateurs de cette école, je doute qu'il puisse y naître des poètes. La poésie vit d'images, de comparaisons et de descriptions. Sœur aînée de la peinture, c'est elle qui la première a retracé, dans ses tableaux sublimes, les merveilles de la création. La fiction est une nature embellie. Eh! que peut embellir et chanter l'infortuné à qui le doux regard de la beauté, le bleuâtre d'un horizon lointain et l'or resplendissant d'un soleil couchant resteront éternellement inconnus! Homère, Milton et notre Delille n'étaient pas aveugles quand naquirent l'*Iliade*, le *Paradis perdu* et le poëme de l'*Imagination;* et, lorsque la lumière des cieux leur eut été ravie, ils chantaient encore de souvenir.

Les leçons de musique instrumentale viennent ensuite. Des hommes à talent, nobles et généreux comme des artistes, viennent donner gratuitement aux jeunes aveugles des conseils et des exemples. On n'est point allé solliciter leur pitié ; ils se sont offerts eux-mêmes ; les amis des arts sont toujours prêts pour une bonne action. J'ai entendu prononcer les noms de Benazet, Dauprat, Berbiguier. Ils ne se doutent pas qu'ils seront nommés ici. Je ne veux pas attendre qu'ils le permettent ; personne ne blâmera mon indiscrétion.

Après avoir orné l'esprit, formé le jugement des élèves, on leur donnne les moyens de pourvoir à leurs besoins quand ils seront rentrés dans le monde. On leur apprend différens métiers ; ils s'y montrent fort adroits. Ainsi ils acquièrent une sorte d'indépendance, ou du moins lèveront un impôt plus rare sur la commisération publique.

Jeudi dernier, 31 août, était le jour fixé pour la distribution des prix. Onze heures étaient le moment marqué pour l'entrée. J'arrivai l'un des premiers ; la foule grossit ; après une heure d'attente, on ouvrit comme à regret un des battans de la porte ; au risque d'être étouffés, hommes et femmes se précipitèrent vers cet étroit passage. Des gendarmes, aides-de-camp obligés de tous les directeurs, présidaient à l'introduction, et embarrassaient encore l'entrée au lieu de la faciliter. Nous eûmes beaucoup de peine à pénétrer dans la salle des exercices, où les gradins étaient déjà la proie d'un grand nombre de spectateurs qu'on y avaient introduits de l'intérieur. Quand s'avisera-t-on de compter le public pour quelque chose? quand prendra-t-on de sages mesures pour recevoir un peu plus poliment des honnêtes gens, à qui M. le directeur va faire tout-à-l'heure dans son discours annuel de forts beaux complimens, et qu'il remercîra de leur suffrage? L'intérêt de la séance me fit bientôt oublier ce petit désappointement. On distribua des prix aux garçons, puis aux filles. Je trouvai que ces couronnes et ces prix étaient en assez grande quantité, en raison du nombre des élèves. C'est, dit-on, l'usage dans les différentes maisons d'enseignement d'en donner à tout le monde ; mais je ne me sens pas le courage de blâmer ici ce que je désapprouverais ailleurs. On ne saurait trop donner d'encouragemens à ces jeunes infortunés ; la nature les a traités avec tant de rigueur! Les applaudissemens publics que l'on accorde à leur bonne conduite et à leurs progrès font partie des indemnités que leur doit la société. On ne peut douter d'ailleurs que ces récompenses ne soient distribuées avec discernement. Le directeur accompagne presque chaque nomination d'une petite notice sur l'élève couronné. Les jeunes aveugles paraissent ne pas connaître le vice odieux de l'envie. Ils applaudissent tous et de bon cœur au triomphe de leurs camarades. Les battemens de mains redoublaient lorsque le même élève méritait plusieurs prix. Il y en eut un surtout, appelé Emile Tranchery, dont le nom fut proclamé comme vainqueur dans tous les exercices. Enfin, après avoir été couronné comme rhétoricien, géographe et musicien, il le fut encore comme tisserand. On croirait sans doute que le triomphateur bornerait là le cours de ces victoires : beaucoup de clairvoyans se contenteraient de moins; mais il restait encore le prix de sagesse, prix d'autant plus flatteur qu'il est décerné par les élèves eux-mêmes. On recueille leurs voix, qu'ils donnent librement; la majorité suffit; cette fois il y eut unanimité, et ce fut encore le nom d'Emile Tranchery qui retentit dans la salle.

L'assemblée, émue du plus touchant intérêt pour ces jeunes élèves, mêlait ses acclamations à celles qui partaient des bancs des nobles rivaux, et quelquefois un suffrage isolé, un applaudissement après coup, se faisait entendre dans un coin de l'auditoire; c'était sans doute une main amie, celle d'un protecteur, d'une bonne mère plutôt, qui, prolongeant les marques d'approbation générale, après les battemens de main étrangers, voulait donner encore le sien à part, comme pour dire au pauvre aveugle : *Celui-là est le mien.*

Un concert suivit la distribution des prix. Il fut exécuté par les élèves avec un ensemble et une intelligence qui feraient honneur au meilleur orchestre de la capitale. Le public fut ensuite admis à visiter l'intérieur de l'établissement ; les élèves étaient retournés à leurs travaux. Plusieurs personnes furent invitées à les interroger sur les diverses parties de leurs études; les réponses furent satisfaisantes. Je remarquai un procédé nouveau, au moyen duquel les aveugles pourront non-seulement tracer des caractères, mais même lire ce qu'ils auront écrit. L'inventeur perfectionnera sans doute sa découverte, qui déjà donne d'heureux résultats et fait autant d'honneur à son cœur qu'à son esprit.

Continuez, hommes de bien, à réparer les torts de la nature. Il est, hélas! une infortunée en faveur de qui le génie multiplierait en vain ses essais. Je la cherchai dans cette maison, où l'on prétendait qu'elle avait trouvé un asile. Je ne sais dans quel endroit de la capitale elle traîne sa déplorable existence. Elle est née sourde, muette et aveugle; des misérables ont encore ajouté aux rigueurs de sa position; ils ont eu la lâche barbarie de la dépouiller de son patrimoine. Ce crime n'était pas difficile à commettre; la victime ignorait jusqu'au nom de ses persécuteurs. Un homme, que des fonctions éminentes et de savans écrits ont placé fort avant dans l'estime publique, fut touché de compassion, et assure l'existence de cette pauvre fille.

Qui pourra deviner quelles sont ses sensations, hors celles qui naissent de nos besoins grossiers! Le fait suivant porterait à croire que la faculté de penser ne lui est pas interdite : lorsque son digne bienfaiteur va s'assurer par lui-même qu'on a soin d'elle, il a la coutume, en signe d'amitié, de lui passer légèrement les doigts sur le dos de la main. Il fit l'année dernière un assez long voyage ; à son retour, il alla visiter sa protégée. A peine eut-il ouvert la porte de la chambre que la pauvre fille étendit le bras vers une gardienne qui veillait près d'elle, comme pour demander son attention ; puis, posant une de ses mains sur le dos de l'autre, elle imita la caresse qu'elle avait l'habitude de recevoir de son protecteur. Qui avait pu l'avertir de l'arrivée de M. de G*** ? Serait-elle douée de cette puissance d'odorat qui conduit l'animal le plus fidèle à l'homme sur les traces de son maître ? Aurait-elle éprouvé les douces émotions de la reconnaissance ? Mais la reconnaissance serait donc un sentiment irréfléchi, un instinct ? car, qu'est-ce qu'un bienfaiteur pour elle, et comment, recevant des soins de quelques autres personnes, ne leur adresserait-elle pas des marques de gratitude ; et, devinant que c'est par la volonté et les ordres d'un supérieur qu'on lui prodigue des secours, réserverait-elle pour cet être, souvent absent, et ses démonstrations amicales et les battemens de son cœur?

Voilà de quoi exercer le génie spéculatif de nos penseurs. De gros volumes de métaphysique ont été composés sur des sujets sans doute moins intéressans que celui-ci.

— N° XLV. —

## LA JOURNÉE D'UN FLANEUR.

> Quant à son tems, bien le sut dispenser ;
> Deux parts en fit, dont il soulait passer,
> L'une à dormir, et l'autre à ne rien faire.
> LA FONTAINE.

J'AI vainement cherché l'origine du mot flaner; je chercherais peut-être encore, si je ne m'étais aperçu que, quoique dans la bouche de tout le monde, il ne se trouve dans aucun dictionnaire. Je suis curieux de savoir comment l'Académie (si tant est qu'elle arrive à l'F,) donnera à cette expression les lettres de naturalité qu'elle sera sans doute forcée d'accorder à une foule de mots nés depuis la révolution, et dont, en attendant la décision du *doctum corpus*, nous avons provisoirement pris possession. La plupart manquaient à la langue; les autres sont les représentans d'idées, de découvertes nouvelles, et ne sauraient périr, à moins que l'histoire ne soit condamnée à passer sous silence la longue période que nous venons de parcourir. D'ailleurs, l'usage donne ici des lois à la science et une locution même vicieuse, dont on a généralement pris l'habitude, devient française, malgré les puristes, pédans, académiciens et grammairiens passés, présens et futurs. Or, si *flaner* obtient quelque jour le droit de bourgeoisie, il faudra lui trouver une naissance digne d'un pareil honneur. C'est encore à la langue des Hellènes que nous aurons recours; elle est si riche et nous lui avons déjà fait tant d'emprunts! Beaucoup d'honnêtes gens ne s'imaginent guère que, même dans la conversation familière, ils emploient souvent, à de très-petites différences près, les mots dont se servaient, cinq cents ans avant J.-C., les habitans de l'Ionie. Par exemple, une bonne mère parisienne, en invitant son jeune enfant à la *caresser*, est loin de se douter qu'elle parle grec. J'ouvre donc mon Lexicon de Schrevelius, et je me pâme d'aise en trouvant *phlanuzzò*, qui signifie je niaise, je m'amuse de bagatelles. Quelle découverte et quel service je rends à la grammaire! les Phocéens, qui flanaient à Smyrne ou à Ephèse, sont venus flaner à Marseille. Nous avons pris les quatre premières lettres du verbe ; il est donc bien évident que flaner vient de *phlanuzzò* ; je n'en démordrai pas. Il y a beaucoup d'étymologies qui ne sont pas meilleures que celle-ci, et je la recommande, en réclamant la priorité, au libraire qui serait tenté de faire une troisième édition de l'excellent dictionnaire étymologique de Morin.

La flanerie est donc renouvelée des Grecs ; mais nous sommes connus pour enchérir encore sur les jolies choses que nous imitons des anciens. Si l'on flanait à Athènes, on flane encore plus à Paris. Les villes de province, surtout les petites, n'offrant point le mouvement et la variété des tableaux successifs qui occupent agréablement la journée d'un homme qui ne veut rien faire, ne sauraient rivaliser avec la capitale, et fournir, proportionnellement à leur population, un aussi grand nombre de ces braves citoyens qui sortant le matin de chez eux sans aucun but, qui ne sachant même pas de quel côté ils dirigeront leur promenade, jettent, comme on dit, la plume au vent, et s'en rapportent au hasard du soin de faire naître des distractions sur leur passage. Un musard, comme celui que M. Picard a mis si agréablement en scène, quitte sa demeure avec le projet bien sincère de faire des courses utiles ; mais un rien l'arrête : il ne sait pas résister à la séduction d'une cariture, à la lecture d'un jugement de police correctionnelle, qui tapisse le mur ; les heures s'écoulent ; les affaires ne se font pas ; et, rentrant mécontent de lui, il s'écrie : « Comme le tems passe ! » Mais le véritable flaneur, l'homme vraiment digne de ce nom, a savamment organisé la paresse, et c'est de dessein prémédité qu'il lui abandonne sa vie tout entière. Le travail lui fait horreur, comme la maladie ; il ne s'inquiète pas des combinaisons, des essais et des peines qui ont précédé la confection des objets dont il jouit. Il ne conçoit pas comment le forgeron a le courage de faire retentir l'enclume sous les coups redoublés du marteau. La moindre contention d'esprit lui fait peur, et c'est une douloureuse matinée pour lui que celle qu'il est parfois obligé de consacrer à écrire une lettre d'une demi-page. Ordinairement il n'est pas propriétaire, il a trouvé tout simple de prier le gouvernement de prendre ses fonds, malgré la banqueroute qui s'est faite une fois, et qu'il ne craint plus, et la conversion en trois pour cent des cinq qu'il n'a pas convertis. C'est le plus souvent un homme paisible, qui, en vertu de l'axiome *pater est* et de l'art. 724, liv. 3 du Code civil, a tout doucement hérité des biens amassés à son intention. Ceux qui ont fait les frais de son existence ont aussi fait ceux de sa fortune.

Ce bon M. Leblanc est le plus intrépide flaneur que je connaisse. La Providence l'a placé dans ce bas monde pour descendre tranquillement le fleuve de la vie. Unique fruit des amours légitimes de M. Leblanc, honnête marchand de draps de l'Apport Paris, et jadis marguillier de sa paroisse, il fut mis en pension, malgré les pleurs de sa mère, qu'on fut obligé d'arracher des bras d'un fils qui donnait les plus belles espérances. Le petit homme trouvait toujours des prétextes pour sortir de la classe et se promener des heures entières dans la cour ou le jardin de la pension. Il examinait avec attention les fenêtres des maisons voisines, et, lorsqu'une d'elles était ouverte, il cherchait à y faire pénétrer un regard curieux, ou bien il allait à travers la grille regarder les passans; quelquefois il arrêtait un domestique pour causer avec lui. Il se disait malade régulièrement une fois par mois, afin de passer quelques jours dans la maison paternelle. Ses progrès n'étaient guère rapides; mais, malgré les notes défavorables de ses maîtres, sa mère s'opiniâtrait à voir en lui un génie. On le punissait souvent à la pension; enfin, au bout de quelques années, à force de corrections ( on en infligeait de singulières dans ce tems-là ); de pensum et de pénitences, le petit aigle parvint jusqu'en quatrième : ce fut là que se bornèrent ses humanités. Entré dans la boutique de son père, il avait soin de se faire donner des commissions, et rentrait toujours fort tard sans les avoir faites.

Les Français s'imaginèrent que l'insurrection était le plus saint des devoirs, et chaque homme du peuple s'avisa de vouloir porter la couronne qu'il avait arrachée à son roi. Ces espiègleries n'étant pas du goût des souverains étrangers, on se prépara à la guerre. La réquisition désigna des milliers de jeunes soldats pour combattre les tyrans, et la république envoya chercher un héros dans la boutique du drapier. Leblanc n'était pas extraordinairement brave ; mais il s'agissait de voir du pays ; il ne se fit pas trop tirer l'oreille, et servit honorablement au milieu des fourgons, en qualité de soldat d'ambulance ou charretier. Mais il abandonnait souvent son attelage pour parcourir les environs du camp ; il manquait toujours à l'appel ; plusieurs fois il fut regardé comme déserteur ; enfin un jour il alla si loin, en suivant le cours d'un ruisseau, qu'il tomba dans un parti ennemi, et se rendit à discrétion. On n'est pas trop à son aise au fond de la Hongrie ; mais un prisonnier n'a rien à faire, et il se résigna en pensant qu'il pourrait flaner en liberté. Il revint enfin dans sa patrie. Le drapier et sa femme étaient morts de chagrin, l'un d'avoir vu piller son magasin en vertu du maximum ; la seconde, de n'avoir point reçu depuis des années des nouvelles de son fils chéri. Leblanc trouva heureusement les affaires de la succession en bon état, et il jura par le Styx, ou par autre chose, que désormais sa seule occupation serait de ne rien faire. Il se maria pour ne point se mêler du ménage. Sa femme était jolie, aimable, vive et coquette ; on jasa sur son compte dans la petite ville où il avait été flaner avec elle pendant quelque tems ; on jasa de nouveau lorsqu'ils revinrent habiter Paris, et l'on jaserait sans doute encore si la grâce n'eût touché la dame ; elle s'est jetée dans la plus haute dévotion pour obéir à ce vers de Chénier :

> Soyez sainte, aimez Dieu, c'est encor de l'amour.

Les médisans ont été désappointés, et Leblanc peut flaner sans inquiétude, bien sûr que sa femme a renoncé aux vanités de ce monde.

Chaque matin, après avoir pris son café au lait, armé de son parapluie, il descend la rue du Faubourg-Saint-Denis. Arrivé à l'arc de triomphe par lequel la ville de Paris voulut consacrer le fameux passage du Rhin, la prise de quarante villes fortifiées, et la réduction de trois provinces dans l'espace de deux mois, il s'arrête, met ses lunettes et fait sa première station, en examinant les bas-reliefs qu'il a déjà vus cent fois. Il trouve souvent quelque nouveau débarqué, ou quelque étranger qui s'adresse à lui pour avoir l'explication du monument. C'est alors qu'il fait le docteur. On prétend que c'est lui qui traduisit un jour *Ludovico magno* par *porte Saint-Denis*. Cet endroit a d'ailleurs un autre attrait pour lui. Il a entendu dire que la première femme qui fut pendue en France, le fut à la porte Saint-Denis, et il cherche de bonne foi sur le monument des traces qui lui indiquent où l'on a pu attacher la potence.

Les boulevarts lui offrent à droite et à gauche un panorama vivant, une foule d'aimables distractions. Avant de se décider, il cherche quel jour de la semaine marque l'almanach. Il sait quand le public est admis à visiter les monumens. Tous les mois il va voir le cabinet d'histoire naturelle, la ménagerie, le cabinet des médailles, les Gobelins, etc. Il entre rarement dans les bibliothèques publiques; cependant, excédé de fatigue, on le vit un jour s'asseoir au milieu des studieux lecteurs de la bibliothèque du Roi, et demander Robinson-Crusoé. Il connaît l'époque où les bains Vigier descendent de l'autre côté des ponts pour se mettre à l'abri des glaces, et celle où ils reprennent leur station. Il est le premier à voir patiner sur les bassins des Tuileries et sur le canal de l'Ourcq. Les peintres sont des paresseux; ils devraient exposer tous les ans : quel plaisir pour lui de parcourir pendant plusieurs mois les salles du Musée! Il n'achète point le livret ; mais il se place auprès de ceux qui l'ont à la main, et écoute attentivement lorsque quelqu'un lit tout haut l'explication d'un tableau. Il se mêle, quand on le veut, de la conversation. Leblanc n'a jamais su dessiner un œil; mais il juge le dessin, la composition, le coloris. Il est monté, malgré certaine infirmité, jusqu'à la coupole de Sainte-Geneviève, et si M. Gros eût été près de lui ce jour-là, il lui aurait fait quelques observations critiques.

Il se détermine enfin, passe auprès du théâtre de MADAME et s'arrête devant l'affiche. On dirait qu'il apprend par cœur les titres des quatre pièces de M. Scribe qu'on jouera le soir, et le nom des acteurs qui doivent y figurer ; il n'a pas l'intention d'assister au spectacle ; ses habitudes économiques s'y opposent. Il sait que Numa est un jeune premier, Dormeuil un père noble, etc. Il a lu quelques analyses dans les petits journaux ; il pourra causer des ouvrages comme s'il les avait vus, et même les juger aussi bien que les tableaux du salon. Arrivé au passage de l'Opéra, il entre par une galerie et revient par l'autre sur le boulevart en jetant un coup d'œil dans chaque magasin et en remarquant combien il y a encore de boutiques à louer. Il ne porte plus son parapluie horizontalement sous le bras gauche depuis qu'un passant dont il gênait la marche, changeant brusquement la direction de cette barrière, lui a fait briser plusieurs pièces étalées par une marchande de porcelaines, qu'on lui a fait payer fort cher. Il le tient droit le long de son bras avec ses mains qui se joignent les trois quarts de la journée sur les reins. Il fait une pause devant chaque marchand d'estampes ou de meubles élégans, chaque fabricant de papiers peints; il s'arrête à l'étalage d'un libraire et feuillette un livre dont il examine les gravures. On dit que, curieux de connaître une nouvelle brochure satirique dont on lui avait parlé, et la trouvant sur un de ces étalages, il en parcourut une feuille le premier jour, et fit une marque pour savoir où il en était resté, revint le lendemain, et en quatre ou cinq séances parvint à lire la brochure tout entière et *gratis*.

Leblanc s'afflige sincèrement qu'on ait renvoyé tant de maçons de Paris et mis tant d'entrepreneurs à Sainte-Pélagie; ce n'est pas précisément par humanité, mais parce que les innombrables constructions sont arrêtées et qu'il n'a plus l'occasion de suivre les progrès des travaux et de voir où en sont aujourd'hui les bâtimens qu'il avait laissés la semaine dernière au premier étage. Il a vu poser la première pierre du théâtre de Franconi ; il était à cinq heures du matin près des ruines de l'Ambigu qui avait brûlé la veille, et il va deux fois par semaine voir bâtir la salle de l'Opéra-Comique ; il interroge les ouvriers au moment de leur repas, arrive quelquefois jusqu'à l'inspecteur, s'informe du nombre des loges, du prix de la location et calcule ce que la spéculation doit rapporter aux capitalistes qui ont mis tant de bras en mouvement.

Mais les cris : *à la garde !* se font entendre ; la foule s'amasse à la porte d'un cabaret. Leblanc est aussitôt à son poste. Si c'est pour lui que les édifices s'élèvent, que l'on perce de nouveaux passages et que les marchands étalent des curiosités, c'est aussi pour l'amuser que les passions agitent la populace. On se gourme dans le cabaret voisin. Le maître pousse les adversaires dans la rue, et ils continuent leur combat au milieu du ruisseau. Comme notre flaneur s'intéresse à ce tableau! prudemment placé au troisième rang des spectateurs, il se dresse sur la pointe des pieds, appuyé sur le secourable parapluie, ne perd pas un des coups de poing qui se distribuent. On sépare enfin les deux athlètes. Leblanc s'approche alors et c'est souvent lui que le vaincu, l'œil poché, le nez sanglant, choisit pour raconter à quelqu'un le sujet de la querelle. Il entend les détails avec une gravité magistrale. Il écouterait encore si les soldats du corps-de-garde voisin ne venaient le priver de son interlocuteur.

Bientôt il entend crier au feu. Un incendie! quel plaisir! voilà un spectacle d'une, de deux heures.....; que dis-je? peut-être de toute la journée. Il s'avance vers le lieu du désastre, mais avec précaution. Il ne veut pas figurer dans la chaîne que l'on formera peut-être pour faire circuler les seaux..... mais ce n'est qu'un feu de cheminée, et ces pompiers sont si prompts, si adroits, si courageux!

Où ira-t-il? la chaleur continue de cet été a séché les bords de la Seine. Il n'y a pas là matière à observation. Quelle différence lorsque le fleuve déborde et inonde tout le port au blé! Il peut chaque jour aller voir l'élévation de la rivière, être témoin des nombreux accidens qu'amène l'inondation; c'est lui qui a conseillé à une fruitière de déménager sur-le-champ. Il était tems; car, trois jours après, la rivière était dans sa boutique. L'hiver, lorsqu'il est rigoureux et que la Seine est prise, lui offre un but de promenade fort attachant. Il ne se hasarde pas à traverser le fleuve à pied sec ; mais le menton enfoncé dans sa cravate et le mouchoir sur la bouche, il regarde les plus téméraires s'avancer, applaudit à leur hardiesse, et rit de les voir en vain poursuivis par les gendarmes, qui n'osent pas suivre les délinquans sur la croûte fragile du fleuve... Et la débâcle! il la prévoit, l'attend avec une admirable patience..... Leblanc a déjà vu dix-huit débâcles !

Le tambour bat. C'est un régiment qui vient à Paris. Quel est son numéro? d'où vient-il ? les bataillons sont-ils complets? voilà ce qu'il cherche à deviner, tout en admirant la grosse canne du tambour-major et les barbes épaisses des sapeurs. Quel dommage que les colonnes qui soutenaient le pont aérien des Invalides aient fléchi! il y serait passé le premier; mais il l'a vu, et dans l'espérance de le revoir encore il s'achemine vers la place Louis XV après avoir examiné sans les comprendre les mouvemens du télégraphe. Il traverse le pont de Louis XVI, et jette un regard de connaissance sur l'escalier de la chambre des députés. C'est là qu'il reste souvent des heures entières assis sur les marches, quand les séances sont orageuses. Il était là quand le corps législatif exclut un député de son sein; il était là quand les politiques imberbes s'assemblaient tumultueusement. On assure qu'il eut peur, et se mit à crier comme eux : *vive la Charte!* en agitant son chapeau à trois cornes au bout de son parapluie.

Voici Leblanc dans la cour des Tuileries. Un prince cher à la France est venu ce matin de Saint-Cloud. Tout annonce qu'il va repartir. Le cocher est sur son siége, les chevaux frappent le pavé d'un pied impatient, les gardes sont en selle, et les inspecteurs du jardin, réunis aux gendarmes d'élite, font reculer les spectateurs. On lui marche peut-être un peu sur les pieds; mais il y est accoutumé : il a tant l'habitude de la foule! Le prince, qui ne sait pas que Leblanc attend, tarde trois quarts d'heure à monter en voiture. Il vient enfin ; mais toutes les tailles élevées de la population semble s'être donné rendez-vous là. Perdu derrière ce rideau de grands hommes et d'immenses chapeaux féminins, embarrassé de son parapluie et de son chapeau qu'on lui a dit d'ôter, Leblanc ne voit rien ; mais il se console ; il retrouvera le prince quelque autre part.

Il se dirige alors vers la cour des Messageries, non sans avoir lu les affiches réunies de tous les spectacles, et avoir renouvelé sur toutes l'examen qu'il avait fait de celle du théâtre de Bonne-Nouvelle. Il n'attend personne de la province, et cependant il regarde d'un œil curieux les voyageurs qui descendent ; il s'informe si quelque diligence a versé, et demande au conducteur qui a passé à Brives-la-Gaillarde, s'il croit que les truffes seront chères cette année.

On lui a délivré, ainsi qu'à tous les passans, un prospectus où est écrit : « Rue Saint-Martin, n° 149, en face celle Grenier-Saint-Lazare, concert d'harmonie, ou salon musical pour la taille des cheveux à un franc, d'après les tableaux physionomiques. » Ceci lui paraît curieux ; cela le rapproche de son quartier. Il n'a point de faux-toupet ni de perruque à faire faire, et les tableaux physionomiques ne lui offriront pas de coiffure qui lui soit plus chères que ses ailes de pigeon et la mèche de cheveux gris qu'il nomme queue, et qui, enveloppée dans une demi-aune de ruban, s'agite agréablement sur le collet de son habit. Mais la nouveauté du prospectus l'entraîne, et il entre chez le coiffeur à grand orchestre. Ce qu'on lui a annoncé est vrai ; il voit couper des Titus aux accens mélodieux de *la Pie voleuse*, de Rossini, placer des frisures éternelles pendant l'ouverture du *Barbier de Séville*, et marchander des postiches aux accords de *Robin des bois*. Le coiffeur le prévient qu'il se propose de tailler pendant toute une semaine les cheveux au profit des Grecs. Il admire jusqu'à quel point l'enthousiame hellénique s'est emparé des têtes, et il retourne au logis conjugal où l'attendent sa femme et son dîner. Le dessert est à peine achevé, que Leblanc reprend son parapluie et son chapeau. Un flaneur a des jambes infatigables; il n'a d'énergie qu'aux extrémités inférieures. Notre homme va prendre sa demi-tasse au café accoutumé ; il examine les joueurs de dominos, va donner un conseil à l'un, décider un coup douteux avec les autres, et accepte, pour prix de sa complaisance, le verre de bière que lui offre avec grâce le gagnant. L'heure s'écoule; il court à la sortie de l'Ambigu-Comique ou de la Porte-Saint-Martin pour voir s'il y avait du monde, et rentre enfin tout-à-fait au logis, quelquefois sans sa montre, sa tabatière, sa bourse ou son mouchoir; mais, persistant dans sa manière d'être, et après avoir dormi d'un profond sommeil, il continuera demain le même train de vie sans songer aux petits inconvéniens auxquels l'exposent ses flaneries.

## L'OBSERVATOIRE ROYAL.

> Ton instinct curieux déjà me fait prévoir
> Que tes fils, comme toi, brûleront de savoir.
> Tu vois d'un œil surpris ces masses de lumière
> De l'aurore au couchant parcourir leur carrière,
> Tandis que seul, tranquille en ce grand mouvement,
> Ce globe voit pour lui tourner le firmament.
> . . . . . . . . . . . . . . . . .
> . . . . . . . . . . . . . . . . .
> Envisage ces cieux, vaste et brillant domaine,
> D'où cette terre et toi s'aperçoivent à peine;
> Ne pousse pas plus loin tes regards indiscrets :
> Le reste a devant Dieu ses usages secrets;
> Même en les ignorant il faut qu'on les révère.
>
> Delille, *Paradis perdu*, ch. VIII.

Sous le règne du grand roi, en 1657, par ordre de Colbert, et sous la conduite de Claude Perrault, à qui la France doit la belle colonnade du Louvre, fut élevé ce monument qu'on voulait rendre digne de la science à laquelle on le consacrait, et de la nation qui en faisait les frais.

La médaille frappée à cette occasion porte pour légende : *Sic itur ad astra.* Pourquoi l'Académie des inscriptions n'a-t-elle pas choisi plutôt celle-ci : *Sublimi feriam sidera vertice.* Il était situé hors des murs de Paris ; il est dans son enceinte depuis que la Thèbes moderne s'agrandit comme un fleuve qui sort de son lit, et envahit les campagnes voisines. On trouve dans un ouvrage de Prudhomme un tableau fort curieux de l'accroissement du territoire de la grande ville. Que, sous Jules César, cinquante-six ans avant Jésus-Christ, son étendue ne fût que de quarante-quatre arpens, il n'y a rien d'étonnant : Lutèce n'était presque qu'un bourg, et l'on eût été initié dans les mystères de l'avenir, si alors on eût prophétisé ses destinées ; mais la rapidité de son accroissement devient très remarquable, si l'on apprend qu'en 1717, son enceinte renfermait trois mille neuf cent dix arpens, et que l'on en compte aujourd'hui à peu près onze mille, c'est-à-dire, sept mille quatre-vingt-dix en cent neuf ans, ou plus de soixante-cinq par année. Dieu sait où cela s'arrêtera.

Ce monument présente la forme d'un parallélipipède rectangle, à quatre faces, correspondant aux quatre points cardinaux. Le bois et le fer ne sont entrés pour rien dans sa construction; de larges pierres de taille ont été seules employées. On prétend que les fondations égalent en profondeur la dimension de l'édifice au-dessus du sol; les toits ou plutôt les terrasses ont une épaisseur qui les mettraient à l'abri de la foudre, dont cependant les garantissent trois paratonnerres; ce sont des casemates aériennes; il y a là une carrière tout entière, et, si l'instabilité des choses humaines ordonnait la destruction de ce monument, qui semble destiné à vivre aussi long-tems que les Pyramides, il y aurait assez de matériaux pour bâtir une petite ville. Malgré tant de dépenses, cet édifice est bien loin de remplir parfaitement le but de son érection. Les savans prétendent que la dilatation de la chaleur et la contraction du froid, agissant sur les murs, malgré leur épaisseur, nuisent à l'immobilité des instrumens, qui devrait être éternelle, par conséquent à la justesse des observations, et exigent un calcul de plus pour remédier à cet inconvénient. Ils désireraient un seul rez-de-chaussée, dont la base fût aussi solide que le roc : c'est là qu'ils fixeraient leurs lunettes d'une manière invariable. Il fut question, il y a quelques années, de bâtir un autre observatoire, et l'on avait choisi le mont Valérien. L'élévation du sol, l'isolement de l'édifice de toute habitation, auraient frappé la multitude par l'analogie que cette position aurait eue avec les travaux de l'astronomie ; il lui aurait semblé qu'on devait être là plus en communication avec le ciel : la tour de Babel lui aurait encore paru plus convenable, comme si quelques toises pouvaient être comptées dans les millions de lieues qui nous séparent des mondes. En général, le peuple n'a qu'une idée très-imparfaite de l'Observatoire. C'est dans ce bâtiment, dit-il, qu'on fait les almanachs, et on lui persuaderait facilement que le messager boiteux s'y rend, vers la fin de chaque année, afin d'y puiser pour l'année suivante ces admirables prophéties qui, comme on sait, s'accomplissent toutes.

Là, tandis que la plupart des hommes se livrent au repos, que l'ambitieux berce de brillans rêves sa longue insomnie, et que le joueur fixe un œil étincelant sur la carte qui va l'enrichir ou prononcer son arrêt de mort, l'astronome infatigable détourne le toit mobile de son réduit silencieux ; seul avec l'espace, le regard attaché sur sa lunette, il assiste au spectacle majestueux du mouvement des corps célestes. Ces grandes planètes, ces satellites et quelques-unes de ces innombrables étoiles sont de sa connaissance ; il y a quelques années, à la même nuit, la même heure, la même seconde, il les a remarquées. Sentinelle vigilante, il épie leur passage; bientôt il écrit l'histoire de leur course, la durée de leurs révolutions. Se confiant à l'immuabilité des lois de la nature, il promène sa méditation et ses savans calculs au travers des siècles qui ne sont pas encore ; le passé lui répond de l'avenir, et le don de prophétie est attaché à ses veilles laborieuses. La nature l'invite vainement à se livrer à un sommeil réparateur; son regard ne quitte les cieux que lorsque l'aube viendra lui annoncer le lever du soleil, ou si quelques nuages placent un voile jaloux entre le firmament et lui. Nous attendons ses oracles ; ce sont les seuls dont nous reconnaissions l'infaillibilité. Assez long-tems l'astrologie judiciaire berça nos aïeux de ses mensonges. On ne croit plus que les signes du zodiaque aient de l'influence sur les destinées de l'homme; on ne ferait pas dépendre le sort d'une guerre de la conjonction de deux planètes, et les astrologues de Louis XI et de la superstitieuse Catherine de Médicis joueraient un sot rôle à la cour de nos rois. Nous n'avons même plus peur des comètes, et nous avons ajourné indéfiniment la fin du monde. On ne lit maintenant dans les cieux que les merveilles de la création et la gloire de son auteur.

Grâce au bureau des longitudes qui nous donne au 1<sup>er</sup> janvier le résultat de ses calculs pour toute l'année, nous sommes assez au fait de ce qui se passera presque jour par jour au-dessus de nos têtes, et en lisant avec quelque attention le petit livret qui paraît sous le nom d'*Annuaire*, nous pouvons faire les savans à bon marché. Il est bon de savoir comment on vit. D'ailleurs, pour certaines gens envers qui la nature a été si avare d'idées, quelle ressource de conversation! C'est un moyen de faire trêve à cette fatigante politique qui s'empare si despotiquement de nos salons. Au lieu de gémir de la mort de M. Canning qui ne nous aimait guère, et de lui voter une ridicule médaille, ne vaut-il pas mieux apprendre à qui de droit à quel jour, à quelle heure, quelle seconde le soleil entre dans le signe du scorpion ou dans celui de la vierge ? Nous envoyons aux Grecs beaucoup de vœux et fort peu d'argent ; nous voyons d'avance les hommes du Nord entrer triomphans dans la mosquée de Sainte-Sophie ; nous reconnaissons toutes les petites républiques du Nouveau-Monde, nous sommes pour ou contre la constitution de don Pedro, et notre inquiète politique jette un regard tremblant sur la péninsule ; n'est-il pas plus raisonnable de s'occuper de cet astre qui éclaire plus tôt ou plus tard les climats où nous allons porter nos ingénieuses spéculations, et de préparer nos verres noirs pour le jour où il voilera sa face resplendissante, en permettant à ce corps opaque, vulgairement appelé la lune, de se placer entre lui et nous. Quelque accoutumés que nous soyons aux éclipses, elles sont toujours un événement pour nous. Nous sommes friands de ce spectacle, auquel chacun apporte sa curiosité, son impatience et ses bévues. On se rappelle le trait de ces aimables élégantes du siècle dernier. Elles avaient entendu parler du phénomène ;

elles firent demander à Cassini leur admission à l'Observatoire : l'astronome les invita à s'y rendre un peu avant dix heures. « Si matin ! avant qu'il fasse jour ! s'écrièrent-elles. » Elles commencèrent cependant leur toilette. Un *fashionnable* du tems les engageait à se dépêcher ; « nous avons le tems, répondaient-elles ; quand on donne un rendez-vous pour dix heures, c'est toujours pour onze ; d'ailleurs priez M. Cassini de nous attendre avec son éclipse. » Elles arrivèrent un peu tard à l'Observatoire, et l'éclipse était finie ; les belles se désolent : « Rassurez-vous, mesdames, dit leur chevalier en montant ; je vais trouver cet astronome, je connais sa galanterie, et je suis sûr qu'il ne me refusera pas de recommencer pour vous. » Tout Paris a vu la dernière ; j'étais aux Tuileries, et je n'oublierai pas qu'on riait beaucoup d'un gros Anglais qui avait envoyé son domestique pour lui retenir une bonne place.

Autrefois on introduisait le public dans les caves ; on descendait cent trente-six marches pour y arriver. Depuis le sommet du bâtiment jusqu'au plus bas des souterrains, on avait ménagé à travers toutes les voûtes une ouverture de trois pieds de diamètre qui servait à des expériences sur la pesanteur relative des corps. Les conducteurs cachaient leurs lumières, et au milieu de l'obscurité où l'on se trouvait ils vous déclaraient hardiment que le point lumineux que vous aperceviez était une étoile, et les spectateurs de s'émerveiller de voir une étoile en plein midi, chose que l'erreur populaire a mise au nombre des impossibilités ; les proverbes mentent quelquefois, car si dans le jour l'œil nu ne saurait découvrir d'étoiles, à l'aide d'une bonne lunette il est aisé d'en voir lorsque l'atmosphère est dégagée de nuages. Ces caves communiquaient aux catacombes. Le passage a été condamné. Ces souterrains n'offrent plus d'intérêt, et les curieux n'en prennent guère le chemin. Outre cet effet d'optique, on en fait admirer aux visiteurs un d'acoustique. C'est une voûte aux deux extrémités de laquelle deux personnes très-éloignées l'une de l'autre peuvent entendre une conversation, quoique parlant à voix basse.

L'escalier est d'une hardiesse qui étonne. On ne conçoit pas quel art a pu suspendre des pierres de taille dont le soutien échappe à la vue.

Il est en forme de vis, et présente, selon son axe, un vide cylindrique. Au second du côté de la cour, et au premier du côté du jardin, est la salle du méridien. La ligne méridienne divise cet édifice en deux parties ; c'est de là qu'elle se prolonge au sud et au nord. On y voit de vieux instrumens qui servaient à nos anciens et qui ne seraient maintenant d'aucun secours. Ils sont montés sur un pied tout en fer. On voulait par ce moyen empêcher la moindre déviation : mais le fer reçoit plus que les autres métaux les impressions de l'air, et l'inconvénient que l'on voulait combattre se reproduisait sans doute avec plus de force. On a beaucoup amélioré les instrumens ; en général, les sciences exactes se sont avancées d'un pas rapide vers la perfection. Bientôt nous serons arrivés aux limites que l'intelligence de l'homme ne saurait franchir.

C'est dans cette salle que sont placés les bustes des astronomes les plus fameux ; on y remarque, en attendant ceux de MM. Bouvard et Arrago, Maupertuis, la Condamine, Cassini, et ce Lalande, si avide de renommée, qui se proclamait athée, mensonge que, dit-on, son cœur désavouait ; il voyait dans cette audace scandaleuse un moyen de plus de faire parler de lui ; il aurait brûlé le temple d'Ephèse. Je n'ai jeté sur ces figures qu'un rapide coup-d'œil ; mais il me semble que je n'ai pas vu celle du malheureux Bailly, savant si distingué, dont on a tant exagéré les erreurs politiques, et qui a expié d'une manière si cruelle les honneurs populaires auxquels il avait eu la faiblesse d'attacher quelque prix. Après avoir monté un long escalier en spirale, on trouve le petit cabinet dans lequel s'observent les comètes, qui, par parenthèse, me semblent plus communes qu'autrefois, et l'on arrive sur les toits de pierre au milieu des paratonnerres et des girouettes. Là le point de vue est magnifique ; il embrasse la plus grande partie de cette vaste cité. On est assez élevé pour saisir l'ensemble, et cependant aucun détail ne peut vous échapper. Si dans les salles des étages inférieurs on rencontre fréquemment

<blockquote>Cette longue lunette à faire peur aux gens,</blockquote>

avec laquelle les savans se rapprochent quelque peu de la voûte céleste, ici, du haut de cet autre observatoire, on peut se servir de la lorgnette philosophique et abaisser son regard sur une foule d'édifices qui rappellent des souvenirs et font naître une série de réflexions. Quel contraste avec la sublimité des objets qui tout à l'heure s'emparaient de votre pensée ! combien, en descendant du ciel, paraissent mesquins tous les petits intérêts de la terre ! A travers ces persiennes, ces jalousies ou ces rideaux, je pénètre dans l'intérieur de ces maisons qui me paraissent si petites du point où je les aperçois ; j'y vois une foule d'êtres de tout âge, de toute condition, se débattant contre la vie ; partout de l'agitation, nulle part le repos. Ici la soif des richesses, là la fièvre de la haine pour un rival heureux ; plus loin le sentiment amer d'une injustice, l'intrigue aux ténébreux complots, la mauvaise foi aux regards équivoques, l'hypocrisie au maintien doucereux, projets d'amour et perfidies, projets de fortune et désastres, des disputes, des procès, les fables de la calomnie, les caquets de la médisance, la jalousie des voisins ; des charlatans, des dupes, des commissaires, des huissiers et des gendarmes; voilà du tems et de la santé bien employés; pauvre espèce ! D'ici j'aperçois Sainte-Pélagie, qui compte dans ce moment tant de locataires qui ont bâti des châteaux en Espagne et des châteaux de cartes dans Paris; j'y vois des gens riches, qui préfèrent l'argent à la liberté et qui ne restent en prison que pour faire enrager leurs créanciers. A ma droite, je distingue les énormes bâtimens de la Salpétrière, cette autre ville du malheur où gémit le vice puni mais non corrigé, où sourit douloureusement la folie.

Voici pourtant presque à mes pieds une maison qui calme un peu mes accès de misanthropie. Mon guide prononce un nom qui me pénètre de respect et d'attendrissement ; c'est celui du héros de l'humanité, de ce saint philosophe dont chaque action était une nouvelle preuve de l'auguste religion qui l'inspirait. Une reconnaissance tardive lui a élevé une statue à Mont-de-Marsan, au milieu des Landes, sa patrie; mais il vivra dans la mémoire tant que les hommes conserveront de l'estime pour la vertu. Cette maison est celle des Enfans-Trouvés.

La révolution a détruit le couvent des Carmélites; mais, malgré les nouveaux bâtimens qui lui ont succédé, mon souvenir s'obstine à l'y revoir. Selon les antiquaires, il y avait là un temple dédié à Mercure. Le fils de Hugues-Capet y fit bâtir une pieuse retraite ; les Carmélites s'y établirent ensuite. Ce fut là que, sous le nom de Louise de la Miséricorde, après quelques années de magnificence et de plaisirs, suivies de beaucoup d'années de pénitence, mourut M<sup>me</sup> de La Vallière.

Ces jardins sont ceux de la Bourbe ; il appartenait au gouvernement révolutionnaire de changer en maison d'arrêt l'asile que la bienfaisance avait ouvert à l'humanité. Les prisons manquaient aux proscripteurs ; des hospices furent envahis. C'est là qu'en attendant le jour du sacrifice on entassait des victimes contre lesquelles on n'avait pas même le prétexte d'une opposition aux nouvelles doctrines. L'esprit et le talent étaient des supériorités sociales qui blessaient les regards des niveleurs ; des hommes de lettres, des acteurs distingués, d'autres artistes recommandables, furent enfermés à la Bourbe. J'allais y consoler un ami de mon enfance. Le monument au sommet duquel je laisse égarer mes rêveries, me rappelle la délivrance de ce pauvre Félix de \*\*\*. Je lui avais remis la veille un peu d'or que je m'étais procuré avec peine, et en donnant en échange une espèce d'édition compacte d'assignats. J'ignorais la destination de ces petites richesses. Sans doute son amitié craintive craignait de me compromettre. Quelques surveillans furent gagnés; Félix se glissa dans le jardin. Un mur fort élevé s'opposait à sa fuite ; mais jeunesse, courage et surtout l'espoir de la liberté ne connaissent pas d'obstacle. Le mur est franchi ; Félix est libre. Persuadé qu'on n'est jamais mieux caché qu'auprès de sa prison, mon ami va droit à l'Observatoire, s'adresse à l'un des chefs et se confie à sa loyauté. Son attente n'est point trompée. Mais le portier, mais quelques citoyens actifs avaient vu, et bientôt le comité révolutionnaire envoie une patrouille de sans-culottes pour réclamer sa proie. Parmi eux se trouvait le bel esprit du quartier, plus bavard que méchant, et qui, avec quelques grands mots, dont l'application n'était pas toujours d'une exactitude rigoureuse, imposait à ses camarades, qui le regardaient comme un génie. Après une assez longue séance au cabaret, le détachement du peuple souverain se présente à la grille. Refus d'ouvrir, débats, menaces, tumulte. Le chef de l'Observatoire paraît, et essaie de renvoyer les misérables ; on lui dit qu'il y va de sa tête. Félix avait tout entendu ; il s'élance vers la grille : « Me voici, s'écrie-t-il ! je serais un lâche, si je consentais à me sauver aux dépens d'un autre ; que l'on ouvre, me voici ! » Les sans-culottes sont interdits ; la tête du bel esprit s'exalte ; il monte sur une borne, et : « Camarades, leur dit-il, voilà un acte de courage digne d'un Léonidas ou d'un Mutius Scœvola du tems de la république romaine. Montrons-nous aussi généreux que cet homme. Vous êtes devant le temple des muses ; c'est là qu'il s'est réfugié. L'asile des dieux doit être sacré ; retirons-nous, et qu'il ne soit pas dit que des républicains aient violé le *Tabernacle des Sciences.* »

Une heure après, Félix était loin de l'Observatoire ; sa retraite fut ignorée, et bientôt la chute des tyrans populaires le rendit à sa famille et à ses amis.

## LE JARDIN DU LUXEMBOURG.

— N° XLVII. —

## LE JARDIN DU LUXEMBOURG.

> L'enfant, emblême heureux de la jeune saison,
> Qui, gai comme Zéphire et frais comme l'Aurore,
> Des roses du printems en jouant se colore;
> Le vieillard, dont le cœur se sent épanouir,
> Et d'un beau jour encor se hâte de jouir;
> La jeunesse en sa fl ur et la beauté riante,
> Et la convalescence à la marche tremblante,
> Qui, pâle et faible encor, vient sous un ciel vermeil
> Pour la première fois saluer le soleil :
> Quel tableau varié[1]
> 
> DELILLE, *les Jardins*.

LES bons habitans du faubourg Saint - Germain, lorsqu'ils passent devant le Luxembourg, ne se doutent guère qu'ils voient la copie du palais Pitti des ducs de Toscane à Florence. Je les en avertis, afin qu'ils y jettent un regard observateur. Ils s'arrêtent souvent dans Paris devant une foule d'objets moins intéressans que ce monument. Ici, du moins, ils ne perdront pas tout-à-fait leur tems, chose dont tant de gens ne savent que faire ; et comme la plupart ne visiteront sans doute jamais Florence, ils ne seront pas fâchés d'en voir un échantillon, sans avoir les embarras du voyage. Ce fut en 1615, cinq ans après l'assassinat de notre Henri IV, que sa veuve, Marie de Médicis, le fit construire. Il y avait à la place un terrain et des bâtimens appartenant à l'illustre famille de Harlay, et qu'elle paya quatre-vingt-dix mille livres, somme considérable pour le tems, et avec laquelle on n'aurait pas aujourd'hui quatre-vingt-dix toises de terrain dans certains quartiers de Paris. Nièce et fille des souverains de la Toscane, elle voulut transporter en France un des grands souvenirs de sa patrie, et revoir le palais où s'étaient écoulés les jours de son enfance. Le Pont-Neuf n'avait été que cent seize ans à bâtir ; six ans suffirent pour achever cette magnifique demeure, que tous les arts embellirent de leurs chefs-d'œuvre. Marie avait acquis, pour élever ce palais, l'hôtel du duc de Pinci-Luxembourg ; il était naturel qu'il portât le nom de sa fondatrice : le nom de Luxembourg a prévalu, tant l'habitude a d'empire chez les hommes! Si la reine voulait laisser après elle un monument qui attestât sa grandeur, elle en consacrait d'autres à l'humanité. Deux hôpitaux dans le faubourg Saint-Germain, un autre à Chaillot pour les enfans orphelins, et la fondation des Filles du Calvaire, témoignent et sa bienfaisance et sa piété. O renversement cruel des probabilités humaines! la veuve de Henri IV, la régente du royaume, celle qui avait ouvert tant d'asiles à la misère, celle qui, protégeant les lettres, avait donné à Malherbe une pension de 500 écus, mourut à Cologne dans la dernière indigence; et nous nous plaignons, pauvres petits rentiers bourgeois, lorsque les maîtres des finances veulent, sans doute pour le bien de l'état, rogner une parcelle de notre revenu.

Le grand et vieux jardin du Luxembourg a subi bien des métamorphoses; il est maintenant tel que le désiraient il y a cinquante ans les écrivains qui s'occupaient des améliorations de la capitale. Jadis on apercevait à peine les sommités de l'Observatoire; maintenant ce beau monument semble tenir au palais par un boulevart spacieux qui conduit à la grille. En parcourant l'allée du milieu, que de souvenirs se présentent au promeneur pensif à qui les particularités de notre histoire ne sont point étrangères ! De combien de scènes de désolation ces lieux ne furent-ils pas témoins ! Dans cette enceinte où sont creusées les pépinières du jardin des pairs, sur le terrain même de cette allée, et plus loin du côté de la rue d'Enfer, était le palais de Vauvert. Là, sous le poids de l'excommunication, abandonné de ses serviteurs, seul avec Berthe son épouse, le fils de Hugues-Capet, le roi Robert, passait dans les larmes et les prières les longues heures de son désespoir. Le pape Grégoire V leur avait ordonné de se séparer. Une parenté douteuse et les liens d'une alliance spirituelle (ils avaient ensemble présenté un enfant au baptême) étaient les prétextes dont Rome s'appuyait pour dissoudre une union qui avait été consentie par tous les évêques du royaume. L'amour parlait plus haut que le pontife, et le royaume fut mis en interdit. Exilés des temples saints, c'est ici qu'ils avaient dressé des autels de gazon devant lesquels ils se prosternaient en invoquant la miséricorde de ce dieu qui pardonne à ceux qui ont beaucoup aimé. C'est encore ici que le bon roi Robert, repoussé par l'église, composait pour elle des hymnes qu'elle nous a conservées. A cette place peut-être, la courageuse Berthe dit un dernier adieu à Robert, s'éloignant à jamais d'un époux qu'elle idolâtrait, d'un peuple qu'elle aimait, victime immolée au salut de tous. On voit encore, vers la partie occidentale, une aile du pieux bâtiment, et les vieux habitués du quartier se ressouviennent d'avoir erré dans leur jeunesse au milieu de ces cloîtres silencieux. Avant que ces austères cénobites ne prissent possession de cet antique château, des revenans s'avisaient d'y paraître toutes les nuits, entre autres dit Saint-Foix un monstre vert avec une grande barbe blanche, moitié homme et moitié serpent, armé d'une grosse massue et qui semblait toujours prêt à s'élancer sur les passans. A l'arrivée des bons pères les esprits disparurent.

Ce jardin est, après celui des Tuileries, sans contredit le plus beau de Paris; il est dessiné avec élégance; de fort belles statues le décorent; des bassins où se jouent des cygnes majestueux récréent les regards; de nouvelles plantations défendent déjà les promeneurs des ardeurs de la canicule ; l'air y est pur ; dans la belle saison, des parterres émaillés de mille fleurs marient agréablement les nuances de leurs couleurs ; au milieu d'une forêt d'églantiers, le connaisseur peut admirer les innombrables variétés de roses que la culture fait naître tous les jours. D'une symétrie moins harmonieuse que les Tuileries, le Luxembourg offre des accidens plus variés, des points de vue et des effets qui n'appartiennent qu'à lui. Ces terrasses, bordées de balustrades, et qui, recourbées en pente douce à leur extrémité, ceignent et dominent un brillant parterre ; ces belles futaies, parées d'allées courbées en berceaux, disposées en polygone, forment une promenade qui joint l'originalité à la magnificence. Pourtant il est généralement reconnu que l'on y éprouve une tristesse indéfinissable. Il y a une espèce de fatalité attachée à ce lieu ; le jardin est quelquefois rempli, et cependant le murmure de tant de conversations trouble à peine le silence qui semble y avoir établi son empire. On dirait qu'on s'y parle à l'oreille comme dans la chambre d'un malade. Les enfans mêmes s'y abstiennent des bruyantes acclamations qui, partout ailleurs, accompagnent leurs jeux. Un homme du monde qui un jour s'est mêlé d'écrire d'une manière fort originale, frappé comme nous de la mélancolie qui règne au Luxembourg, en fait ainsi le tableau, qui paraîtra sans doute un peu chargé :

« Il semble que la langueur habite en personne ces lieux, dont aucune métamorphose ne saurait changer l'impression. C'est un point du globe décidément voué à la *taciturnité*. En vain l'art et le luxe y rassembleraient tout ce qui peut charmer les yeux, ils ne sauraient arracher l'ame au sentiment de tristesse qu'elle y respire ; je ne répondrais pas que, peuplé de houris, il reprît une face nouvelle. Ce jardin est l'emblême de la vie que rien ne peut égayer. Je ne donnerais pas huit jours de promenade consécutive au Luxembourg à quelqu'un enclin à la mélancolie, pour y terminer sa languissante carrière (1). »

\* Hippolyte de Livry, *Pensées et Réflexions*, t. VII, pag. 184.

L'effet est constant, général; mais la cause n'en a pas encore été trouvée. L'ombre de l'infortunée Berthe revient-elle sous ces mystérieux ombrages gémir d'un amour malheureux et réclamer contre les rigueurs de Rome? Les mânes des enfans de saint Bruno parcourent-ils ces allées solitaires pour y chercher leurs tombeaux détruits; ou voit-on errer le fantôme de Médicis, qui vient accuser la haine du cardinal de Richelieu, et demander ses trésors, ses honneurs et l'amitié de son fils? Voilà ce qu'on eut affirmé dans les siècles d'ignorance, de superstition et de revenans.

Cependant les bourgeois de l'Estrapade de la place Saint-Michel, des rues de Tournon et de Vaugirard, etc., viennent se promener dans ce beau jardin sans s'inquiéter s'il est triste ou gai. L'habitude les y conduit. Là le vieux magistrat qui a donné sa démission, le militaire en retraite, le marchand et le libraire retirés des affaires, l'avocat qui a renoncé au barreau, et tous les habitans de cette province éloignée de la capitale, se rencontrent, se mêlent, et se divisent ensuite par groupes. Ceux de ces messieurs qui sont décorés se gardent bien de ne porter que le ruban, et le vétéran qui est en sentinelle à la porte qui fait face à l'Odéon, fait plus résonner la crosse de son fusil, pendant ses deux heures de faction, qu'un grenadier de la garde royale dans un mois de service. Les bancs sont occupés, l'entretien établi sur la politique d'abord, ensuite sur la guerre, et quelquefois sur la belle littérature. On y pèse la conduite des souverains; on y devine les mystères des cabinets; les Grecs arrivent à point nommé; une canne de jonc trace sur le sable la position de Parga et d'Athènes; là un nouvel abbé *cent mille hommes* remporte plus d'une victoire éclatante. Bientôt on met sur le tapis la Comédie-Française, long-tems citoyenne du faubourg Saint-Germain. On parle de Préville, de Le Kain, de Brizard; aucuns ont vu les débuts de Mlle Mars, dont l'entrée en scène n'était pas alors saluée de vifs applaudissemens; mais quels que soient les sujets de la conversation, ces bonnes gens vivent sur un passé que les détails du présent rajeunissent rarement. Ils sont tellement arriérés, qu'ils n'ont appris que le mois dernier la prise de Missolonghi et le voyage du Brésil à Lisbonne d'une constitution improvisée, et que le bel esprit de l'arrondissement leur a révélé, il y a huit jours, l'existence d'un écrivain écossais nommé Walter-Scott. Les journaux n'existent pas pour eux.

L'allée du Midi semble être le rendez-vous des jeunes habitans du pays latin ; celui-ci marche lentement, en côtoyant les arbres ; il lit attentivement dans un livre dont la tranche est peinte de diverses couleurs : ce sont les cinq Codes. Il maudit le labyrinthe de nos lois dans lequel il faut qu'il s'engage. Il essaie de graver dans sa mémoire le jargon inintelligible dont on les a revêtues ; demain on l'interrogera pour le recevoir licencié. Celui-là semble absorbé dans une profonde méditation. Un livre est aussi à sa main ; je m'approche, et je lis sur la couverture : *Traité des fièvres* pernicieuses par J. L. Alibert. Notre jeune homme est enrôlé dans la brigade d'Hippocrate ; il soutiendra bientôt une thèse sur les effets du quinquina, et va grossir la foule des médecins, qui seront bientôt plus nombreux que les malades. Mais des camarades viennent les rejoindre. L'Ecole de droit et celle de médecine forment une réunion formidable. Que vois-je dans leurs mains? l'instrument fatal à la gent dramatique ! C'est un complot. On donne sans doute aujourd'hui une première représentation.... pauvre auteur! Plus loin, j'aperçois un homme qui gesticule. Serait-ce la victime de ce soir? non : je le reconnais ; c'est un chanteur du Second-Théâtre-Français. Il fredonne à voix basse un air germanique, et cherche à se rappeler les niaiseries rimées de M. C...-B...

Descendons vers la partie des jardins qui avoisinent la chambre des pairs. Ici les arbres sont plus majestueux ; ils sont restés debout au milieu des révolutions qui se sont faites autour d'eux ; ils appartiennent à l'ancien Luxembourg. Ce serait ma promenade si j'habitais ce quartier. De jeunes femmes assises, adossées contre ces arbres centenaires, brodent ou festonnent. Quelquefois elles interrompent leur ouvrage pour jeter les yeux autour d'elles. Ce n'est pas pour voir les passans ; il n'y a point de coquetterie au Luxembourg. Des enfans jouent non loin de là...

c'est un regard de mère. En voici d'autres qui ne sont guère les objets d'une surveillance attentive ; en vain je cherche les gens commis à leur garde... Ah ! les voici sans doute là-bas. Ce sont des bonnes d'enfans : chacune d'elles cause avec un jeune homme, un cousin peut-être. Il est bon de parler de ses affaires de famille ; mais, pendant ce colloque, qui sait ce qui peut arriver aux innocentes créatures si imprudemment abandonnées!

Quelle différence d'un jardin à un autre dans la même ville ! Une femme ne se promènerait pas au Palais-Royal sans être accompagnée. Ici elle peut marcher au hasard ; elle est protégée par l'innocence du lieu. On ne vient au Luxembourg que pour se promener ; le père y conduit ses jeunes fils ; le mari y donne le bras à son épouse, et l'on n'y regarde pas une femme sous le nez ; vive l'âge d'or du faubourg Saint-Germain !

Les beaux monumens sont, comme les hommes, exposés à l'ingratitude et à l'indifférence. Personne ne va visiter cette magnifique fontaine qui est adossée au mur de l'église du séminaire de Saint-Louis. Tous les artistes s'accordent à dire que c'est un morceau d'architecture remarquable. On n'y trouve de loin en loin que quelques étrangers et de nouveaux débarqués qui veulent tout voir; et puis travaillez pour la postérité ! Hâtons-nous de dire que cette fontaine est l'ouvrage de Jean Desbrosses, à qui l'on doit le palais lui-même.

Vieux Parisien, j'ai hanté jadis le Luxembourg. En le parcourant aujourd'hui, il me revient quelques souvenirs de ce que j'ai vu dans ma jeunesse.

J'ai vu d'antiques femmes de qualité s'y promener droites comme des cierges; elles avaient les joues enluminées d'une couche de rouge de l'épaisseur d'une ligne ; deux ou trois petits morceaux de taffetas noir bien ronds étaient collés çà et là sur leur visage. Le plus petit, placé au coin de l'œil, s'appelait la mouche assassine. La longue queue de leur robe ramassait derrière elles les feuilles et les graviers du jardin. Lorsque le tems était incertain, de pauvres cadets de famille et des chevaliers d'industrie les suivaient à quelque distance, tout prêts à leur offrir, en cas de besoin, l'appui de leur bras et l'abri de leur parapluie.

J'ai vu, en 1786, l'abbé Miolan, rival des Charles et des Blanchard, tenter une expérience aérostatique ; l'ascension manqua ; le public, qui avait payé, prit de l'humeur, brûla le ballon, et chercha long-tems le malencontreux abbé, qui avait quitté à la hâte le théâtre de ses exploits.

J'ai vu un prince auguste, que le ciel nous a rendu après de longues infortunes, habiter la partie la plus modeste du palais. C'est là qu'il vivait loin des grandeurs importunes, auprès d'Horace et de Virgile, et que le sage se livrait à des méditations que le roi devait un jour appliquer au bonheur des hommes.

J'ai vu ce beau palais métamorphosé en prison...

J'ai vu ces tristes pentarques appelés directeurs, dont le règne fugitif serait déjà effacé de la mémoire, si le grand-prêtre de la théophilantropie n'y eût attaché le souvenir du ridicule.

J'ai vu le Petit-Luxembourg habité pendant

six mois par Buonaparte, qui n'osait pas encore s'établir dans la demeure de nos rois. Après lui vint le sénat conservateur, qui n'y a rien conservé.

Jadis on traversait librement le vestibule; pourquoi l'accès en est-il interdit? le Roi permet bien au public le passage au milieu de la demeure royale. Ces portes éternellement closes, ce palais qui semble désert, ajoutent encore à la tristesse à laquelle ces lieux paraissent être condamnés pour jamais. Nous essaierons d'entrer une autre fois.

— N° XLVIII. —

## LES COMMISSAIRES DE POLICE.

> Bientôt j'entends crier : Au meurtre ! on m'assassine !
> Ou le feu vient de prendre à la maison voisine.
> . . . . . . . . . . . . . . . Je me lève à ce bruit,
> Et souvent sans pourpoint je cours toute la nuit.
> BOILEAU.

La police, quoique d'une assez belle antiquité, n'est cependant pas aussi ancienne que le monde. Lorsque les hommes étaient doux et vertueux, que le tien et le mien n'étaient tout naturellement que le nôtre, qu'on n'avait pas encore inventé cette liqueur traîtresse qui fait évaporer le peu de raison que la Providence a mis dans notre cerveau, que le luxe et ses besoins factices, l'ambition et ses fureurs ne tourmentaient pas la race des hommes, quand tout le monde enfin était d'accord, on n'avait besoin de personne qui vînt mettre le holà. Cet état dura si peu que son existence même est mise au rang des fables et que l'âge d'or pourrait bien n'être que le rêve ingénieux de l'imagination. Les délits arrivèrent ; la faiblesse eut besoin d'être protégée contre la force ; les plus sages imaginèrent des lois, et l'on nomma des agens pour les faire exécuter ; c'est donc au siècle d'argent qu'on peut faire remonter la police ; il faut convenir que depuis ce tems elle n'a pas manqué d'occupations chez les différens peuples, et à moins qu'après un bon déluge universel, il ne plaise au Tout-Puissant de remettre sur ce globe des hommes nouveaux, partant meilleurs que ceux qu'on y voit, on peut, sans se compromettre, prédire encore à cet établissement quelques siècles de durée.

Chez nous la police a eu ses grands hommes. Depuis Hugues Aubriot qui était prévôt de Paris sous le bon roi Charles V, jusqu'aux lieutenans de police, et de ces derniers à nos ministres ou préfets, une foule de noms viennent à la mémoire et rappellent des anecdotes où la surveillance tient du prodige, et dont les récits charmeraient bien plus les longues veillées d'automne que tous les contes tirés de nos chroniques. On croirait entendre lire les *Mille et une Nuits*. Mais, pour opérer ces miracles, le général a besoin d'aides-de-camp intelligens, actifs, adroits et discrets. Les commissaires de police tiennent un rang distingué dans cette milice qui veille à notre tranquillité. Le choix d'un de ces magistrats subalternes n'est pas une petite affaire. Quelle réunion de qualités exige cette place ! que d'hommes il faut trouver dans un seul ! Argus avait cent yeux dont la moitié veillait tandis que les cinquante autres fermaient la paupière. Un pauvre commissaire de police, à qui la nature n'en a donné que deux, est obligé de les tenir constamment ouverts; encore exige-t-on qu'il ait la vue aussi perçante que celle de Lyncée. Il faut qu'il soit juste ; car quelle qu'ait été la sagesse de nos Lycurgues et de nos Solons, il n'est guère de lois ou de règlemens dont l'application ne laisse quelque chose à l'arbitraire. En contact habituel avec les dernières classes de la société, il doit étudier leurs mœurs, leur caractère. Il a besoin d'une certaine éloquence et il doit la varier suivant les gens qui réclament son ministère. Prompt à se décider, la moindre hésitation lui ferait manquer son but. Il a fait sans doute une étude particulière des moyens imaginés pour échapper aux ordonnances ; il connaît tous les subterfuges employés par la malice. Il y a une sorte d'improvisation à laquelle il doit être prêt, et, lorsqu'au spectacle des troubles prolongés nécessitent son intervention et une allocution au public, n'eût-il qu'une phrase de douze mots à prononcer, il ne faut pas qu'une distraction perfide lui fournisse une erreur ou une transposition comique, ou qu'une timidité insurmontable vienne paralyser sa langue. Le parterre, en train de siffler les acteurs, aurait peut-être l'irrévérence de siffler un magistrat. Un sonnet sans défaut vaut seul un long poëme ; un commissaire de police sans défaut est un phénix. Jadis rien n'était ridicule aux yeux du public comme un commissaire ; dans toutes les farces du boulevart, on l'immolait à la risée ; on le voyait avec sa longue robe noire, sale et trouée, avec son énorme perruque et ses lunettes ; on le faisait ordinairement d'une bêtise révoltante ; il était hué, quelquefois même bâtonné ; dans les mascarades du carnaval, c'était à ce personnage que le peuple prodiguait toutes les marques de mépris ; de nos jours encore, les entrepreneurs de marionnettes, qui n'ont pas rajeuni leur répertoire, ne manquent pas de placer dans leurs intermèdes un commissaire pendu par polichinelle ; et cependant on obéissait à ce magistrat dont on bernait la caricature sur le théâtre ; on le craignait même beaucoup, et peut-être le peuple se vengeait-il sur le portrait de la terreur que lui causait l'original. On ne permettrait pas maintenant ces grossièretés et l'on ferait bien. On ne saurait donner trop de considération aux dépositaires de l'autorité, quelque petite que soit la portion qu'ils en exercent. Il faut que l'ordre se rétablisse à tout jamais, et je ne vois pas dans une restauration aussi importante de détails à dédaigner. D'ailleurs leur vêtement contribuait beaucoup au ridicule que l'on versait sur eux. A présent qu'un costume uniforme ne permet pas de distinguer quelles fonctions on remplit dans la société, ces officiers sont en noir comme tout le monde, couleur à la mode chez la nation la plus gaie de l'univers.

Ce fonctionnaire n'a pas beaucoup de moyens de se faire aimer. Il est rare qu'il soit les délices du peuple, et je ne crois pas qu'il y ait eu un Titus parmi les commissaires de police. Ils n'ont point de récompenses à décerner ; ils n'ont que des punitions à requérir ; et si la nature leur a donné de la sensibilité, ils doivent être fort mal à l'aise, partagés entre les faiblesses du cœur et la rigueur de leurs instructions. Mais on se fait à tout ; le sentiment s'émousse ; les paupières se sèchent : on a sous les yeux tant d'échantillons de la méchanceté des hommes, qu'on se persuade que c'est un animal dangereux, et l'on abjure une sotte philantropie qui n'est guère de mise au milieu des espions, des gendarmes et des geôliers.

Si l'on juge par le logement des commissaires de la quotité de leurs appointemens, l'on sera tenté de croire qu'ils sont assez médiocrement traités. Ces messieurs sont en général fort mal logés ; les plus vilaines maisons sont celles qu'ils habitent. Il paraît que les gens ayant pignon sur rue se soucient fort peu de pareils locataires. L'entrée de leur demeure a je ne sais quoi de sombre, de triste et de mystérieux qui vous apporte une impression désagréable. Le délinquant que l'on y amène a l'avant-goût de la maison où on le conduira en sortant de celle-ci.

Il y a une différence notable dans les arrondissemens. Le commissaire de police du Palais-Royal ne changerait pas avec celui de l'Ecole-de-Médecine, et celui de la Chaussée-d'Antin excite la jalousie du collègue qui instrumente dans un faubourg. Plus il y a de petit peuple dans un arrondissement, plus la besogne est fatigante ; mieux un quartier est habité, moins nombreuses et désagréables sont les fonctions, et là, comme dans beaucoup de parties de l'administration, grâce à la justice distributive, celui qui a le plus d'avantages est celui qui travaille le moins. Je n'aurais rien à dire s'il existait une espèce de hiérarchie, et si, après un pénible noviciat avec les dernières classes de la société, l'on était transplanté au milieu de la bonne compagnie. Mais j'ai bien peur que, dans le meilleur des mondes, la complaisance, la protection d'un grand, parfois même le caprice, ne fassent tomber le choix sur le candidat favorisé. Il me semble, lorsqu'il y a une vacance, entendre le bourdonnement des solliciteurs.

« Monsieur, père Cordon vous dira mon affaire.
» — Monsieur, je suis bâtard de votre apothicaire. »

On parlait dernièrement dans une maison de nos *Tableaux de Paris;* on me demanda si je m'étais occupé des commissaires de police. Je répondis que j'y penserais quelque jour, mais que, n'ayant guère vu que le commissaire Lafosse au théâtre du Vaudeville *, et connaissant fort peu les us et coutumes de ces messieurs, j'espérais que mon bon génie me fournirait un prétexte pour avoir affaire à eux; que la première fois qu'un honnête philosophe, partisan de la communauté des biens, me rendrait le service de fouiller dans ma poche, ou que mon domestique me ferait l'amitié de forcer mon secrétaire pendant mon absence, j'irais faire ma déclaration, et prendre l'air du bureau; qu'enfin si j'étais assez malheureux pour que ces moyens me manquassent, je me verrais obligé d'essayer de faire du tapage quelque part, afin d'être conduit devant un juge populaire, et de crayonner quelques notes. Le surlendemain je reçus la lettre suivante :

* Dans *Piron avec ses Amis.*

« Monsieur, les filous exploitans savent leur monde, et ce serait par une méprise, que les chefs de leur ordre puniraient sévèrement, qu'ils introduiraient dans la poche d'un homme de lettres une main mal apprise; votre domestique ne forcera point votre secrétaire, attendu que vous y laissez toujours la clé, qu'il ne renferme que des papiers qu'on n'a pas l'habitude de négocier sur la place, tels que projets de romans, poëmes ébauchés, plans de comédie et autres richesses littéraires; attendu encore que Garnier est un très-honnête homme, qui nous est parfaitement connu, et qu'il doit demain matin quitter votre service. Je ne crois pas que vous ayez sérieusement envie de faire du bruit, ou de casser les vitres d'un épicier, comme on l'a fait dernièrement. Ce moyen de nous rendre visite ne serait pas heureux; nous n'aurions guère le tems de causer avec vous; en vain vous nous diriez que vous n'avez fait tout cela que pour avoir l'honneur de nous voir, nous ne connaissons que les faits; la question intentionnelle n'est jamais portée à notre tribunal, et au lieu du tableau intérieur que vous vous seriez proposé de faire chez nous, vous n'auriez probablement à peindre que la chambre de dépôt qui fait partie d'un hôtel très-connu, habité jadis par les Harlay, les Lamoignon et les d'Aguesseau. Acceptez plutôt les notes que j'ai tracées à la hâte, et que je vous offre. Vous devinez que je suis commissaire de police, ou plutôt que je l'étais il y a peu de tems. Quoique les détails que je vais vous confier soient à peu près de notoriété publique, je ne vous les aurais pas donnés, si je n'avais été mis à la retraite; tant j'aurais eu peur d'enfreindre le vœu de discrétion que nous prononçons à huis-clos.

» Je ne vous dirai pas quels furent mes parens, quelle était leur fortune et combien de flatteuses illusions venaient se jouer autour de mon berceau. J'ai lu quelques romans, dont les aventures sont moins invraisemblables que celles de ma famille. Si ces messieurs de la Biographie les avaient connues, ils m'auraient consacré un article plus long et moins impertinent. J'écrirai sans doute mes Mémoires, et je les ferai paraître, lorsque les libraires ne suspendront plus leurs paiemens. Il vous suffira pour le moment de savoir que j'étais fils unique, c'est-à-dire enfant gâté ; je devais être riche ; par conséquent je devins paresseux; le moindre travail me fatiguait, et je passais au lit les matinées entières. Vous voyez que je n'avais guère de dispositions à devenir commissaire de police; la chose était cependant écrite dans le livre des destins, et m'arriva, sous l'administration de M. de Crosne, le 4 juillet 1789, jour de la prise de la Bastille. Vous remarquerez sans doute que je prenais bien mon tems pour veiller à l'ordre public. Jusqu'à l'époque où le peuple souverain rentra entièrement dans ses droits et dans ceux des autres, je fis un cruel noviciat, ne sachant le plus souvent à qui obéir et qui surveiller. Lorsque les comités révolutionnaires s'établirent, je remis aux sans-culottes des pouvoirs dont ils n'auraient pas tardé à me priver, et j'allai cacher ma vie dans une retraite qu'ils n'eurent pas l'esprit de découvrir. Après le 9 thermidor, je fus rappelé à mon poste; mais nos fonctions étaient presque toutes politiques; depuis elles n'eurent qu'un seul homme pour objet, et Dieu sait si l'on était alerte. Nous fûmes cependant pris en défaut le jour où Mallet montra tant d'audace et de maladresse. Je ris beaucoup, lorsqu'allant prendre les ordres du chef, je le vis entre les mains de l'ennemi qui le conduisait à la Force. Cependant le Ciel prit pitié de mes maux et de ceux de quelques millions d'honnêtes gens. L'ordre revint chez nous avec quelques Français de plus, et je respirai.... quand j'en eus le tems; car nos fonctions se composent de tant de détails, exigent une telle activité, qu'il est rare que la goutte s'empare des gens de notre état. Voici quel était le train de ma vie et quel est encore celui de mes confrères. Depuis le trône jusqu'aux commissaires de police inclusivement, il faut faire le sacrifice de sa tranquillité, quand on s'occupe de celle des autres.

» Chaque jour, peu de momens après que le soleil est venu éclairer notre hémisphère, le réveille-matin, vulgairement appelé porte-sonnette, la cloche à la main, exerce, en parcourant les rues, son bruyant ministère : que l'on ait dormi ou non, c'est le signal du lever et du départ. Première ronde de police, on va faire la guerre aux boutiquiers et portiers qui n'ont pas balayé le devant de leur maison, gourmander les porteurs d'eau qui puisent aux fontaines pour emplir clandestinement leur tonneau, et l'on s'arrête devant ces diligentes laitières qui arrivent avec l'aurore pour faire prendre aux Parisiennes l'éternel café. On goûte le lait douteux; on secoue la tête, et l'on gronde la marchande, si l'on s'aperçoit qu'elle ait mêlé les ondes de la Seine au doux nectar de la nymphe Io, ou pour parler sans figure, si elle a essayé de le transformer en crême, en l'épaississant avec de la farine. Les commères du quartier, rassemblées autour des vases de fer-blanc, la tasse ou la casserole à la main, applaudissent du geste et de la voix, et bénissent la sollicitude paternelle de M. le commissaire. Après avoir songé au déjeuner des autres, il croit qu'il lui sera permis de s'occuper du sien, et il rentre chez lui pour vaquer à cette importante fonction; mais déjà son antichambre est encombrée de plaignans, qui l'attendent pour lui demander vengeance et justice. Ventre affamé n'a pas d'oreilles! voilà encore un proverbe qui ne saurait avoir d'application universelle. Le commissaire a faim; mais il faut qu'il écoute. Un de ses administrés a été gratifié d'une brutale apostrophe sur la face; la main était ouverte : cela ne peut pas passer pour un coup de poing.

Dans le monde, cette petite vivacité conduit hors des barrières celui qui a donné et celui qui a reçu ; dans le peuple, un soufflet est une voie de fait comme une autre : on va se plaindre au juge, et l'on produit ses témoins ; un autre apporte le pan de son habit déchiré par son voisin ; un troisième tient d'une main un chapeau tout luisant de toile cirée et de l'autre le propriétaire du chapeau, cocher maudit qui vient de casser deux carreaux. Certaines rues sont si étroites ! Les deux carreaux étaient deux glaces. Luxe perfide ! voilà de tes tours. Le pauvre Phaéton en eût été quitte à meilleur marché du tems de la régence. Plus loin, une petite marchande de modes, dont on a empoisonné le chien fidèle, affirme, en pleurant, qu'Azor était muselé. Nous ne voyons plus personne, et nous croyons que l'audience est terminée ; mais voilà qu'une jeune femme, à l'air modeste, aux yeux baissés, sort de l'angle obscur où elle s'était placée, s'approche de nous d'un pas timide. Un combat s'élève entre la galanterie et l'appétit ; le caractère français l'emporte. Alors on nous fait le détail des tracasseries du ménage, des bouderies, des jalousies ; les grandes confidences viennent après les demi-confidences ; on nous avoue enfin qu'on a éprouvé d'un mari trop prompt le traitement que l'on dit usité en Russie, et qui, à ce qu'on assure, augmente l'amour des femmes. Nous faisons à la belle affligée un sermon magnifique sur les sacrifices qu'une tendre et vertueuse épouse doit faire à la paix du ménage ; nous la persuadons, nous l'attendrissons...., et nous allons prendre un déjeuner qui s'est refroidi pendant notre discours.

» Quelques ouvertures de porte, en cas de saisie mobilière d'un locataire absent, ou lorsqu'un particulier, désenchanté de la vie, s'est enfermé sous les verroux afin de partir sans témoin pour l'autre monde ; quelques vols, quelques rixes et une ronde dans l'arrondissement occupent nos instans jusqu'au dîner; mais, hélas! à peine le potage est-il servi, qu'on vient nous demander. Il faut qu'un commissaire donne audience sur-le-champ. Oh! comme il se vengera s'il devient ministre!

» Le voici au théâtre, dans la petite enceinte qu'on lui a ménagée au coin de la première galerie. Si les spectateurs sont tranquilles, il peut dormir à son aise pendant qu'on joue une pièce qu'il a vue cent fois; mais lorsqu'une troupe de cabaleurs imberbes, ameutée contre un acteur ou un auteur, veut chasser l'un ou faire baisser la toile au second acte d'une première représentation de l'autre, il faut que le magistrat ceigne son écharpe, se lève, harangue la multitude, et là quelquefois même il est forcé de paraître sur le théâtre. Il est onze heures; il fait une dernière ronde; celle-ci est consacrée à la paix et aux mœurs. Il chasse les ivrognes des cabarets et fait rentrer au gîte ces grâces mercenaires,

<small>Qui par couples nombreux, sur le déclin du jour,
Vont aux lieux fréquentés colporter leur amour \*.</small>

Dors, pauvre commissaire; prends ta part du repos général; mais la sonnette criarde s'agite. — Marguerite, quelle heure est-il? Deux heures. — Qui est là? — Un homme en colère.— Donne-moi ma robe de chambre.... Que voulez-vous, monsieur? — Monsieur, il était minuit moins un quart quand j'ai pris un fiacre insolent, et il est là-bas qui prétend se faire payer. — Allez au diable! — Le magistrat se remet

\* Gilbert.

au lit : mais au bout d'une demi-heure le carillon fatal se fait entendre. — Monsieur, on vous demande. — Va te promener avec ton cocher. — Monsieur, c'est le feu qui vient de prendre dans la rue voisine. — On se lève, on se rend vers le lieu de l'incendie, et l'on y reste souvent jusqu'au jour. Voilà les tribulations avec lesquelles on achète l'honneur d'avoir une lanterne à sa porte.

» Vous croiriez peut-être que je suis enchanté d'être sorti de cette galère, et de pouvoir me dire chaque matin : J'ai devant moi vingt-quatre heures qui ne doivent rien à personne. Ah ! monsieur, vous n'entendriez pas grand'chose aux bizarreries du cœur humain ! Au bout d'un certain tems, on fait, pour ainsi dire, corps avec ses habitudes, et c'est comme une moitié de nous-même qu'on nous arrache lorsqu'on nous sépare d'elles. J'entendrai encore longtems la cloche du porte-sonnette, et lorsque Marguerite m'apporte mon lait, je suis toujours tenté de dresser un procès-verbal contre la laitière qui l'a baptisé.

— N° XLIX. —

## LES SOURDS-MUETS.

> Les sourds-muets ont au dehors les manières, les usages de l'homme civilisé ; au dedans toute la barbarie et l'ignorance sauvages. Ils sont dépourvus de toute idée mère, ou plutôt générale. Alors même que, par suite de l'éducation, ils s'élèvent aux plus hautes conceptions, le monde social leur reste inconnu. Par compensation, leur croyance en Dieu est sans bornes.
> Itard.

Ce fut une bien grande et noble idée de chercher à réparer une des plus grandes erreurs de la nature, à suppléer des organes imparfaits, à rendre à la société tant d'infortunés qui semblaient devoir en être séparés pour jamais, à les appeler au partage des connaissances et des jouissances humaines, à les réintégrer enfin dans les droits qu'ils ont aux bienfaits de la civilisation. S'il fallait du génie pour essayer une semblable création, l'on ne saurait trop admirer le caractère élevé, l'admirable esprit de charité que n'ont pu décourager des obstacles aussi grands. On prétend que, dans le seizième siècle, un moine espagnol, nommé Ponce, apprit à lire et à écrire à l'un de ses confrères qui était sourd-muet. Ce fut sans doute un chef-d'œuvre de patience, et l'inspiration de l'amitié put faire imaginer à l'instituteur d'ingénieux moyens de succès. Après Ponce, Paul Bonnet et Pereira, ses compatriotes, cultivèrent cet art en cachant leur méthode. Ammann et Wallis, en Angleterre, s'étaient appliqués à exercer l'organe de la parole chez les sourds-muets et avaient publié leur procédé, de même que, de nos jours, en France, le savant et judicieux Itard entreprit, non sans succès, de joindre, pour les sourds-muets, l'éducation des sens à celle de l'intelligence.

Mais, dans ces faits isolés, rien n'annonce une science destinée à une application générale, une méthode complète d'instruction, et l'honneur de la découverte reste tout entier à l'immortel abbé de l'Epée. Chacun sait que ce généreux ami de l'humanité recueillit dans un asile qui lui appartenait tout ce qu'il pouvait contenir de sourds-muets, et consacra son patrimoine à cette noble entreprise. Son ambition était de former des instituteurs qui pussent un jour le remplacer. Il faisait même un appel dans les quatre parties du monde, et invitait les gouvernemens à lui envoyer des hommes propres à s'instruire dans sa méthode et à fonder dans leur patrie des écoles semblables à celle dont il avait fait présent à la France. Il y mettait pour condition qu'il ne recevrait aucune récompense, de quelque nature qu'elle fût. Il fit paraître en 1773 un nouveau prospectus. Il y déclare qu'il a appris l'anglais, l'italien, l'espagnol et l'allemand pour former des maîtres aux sourds-muets dans toutes les langues ; et il ajoute, dans son ardente philantropie, qu'il est prêt à étudier toutes celles qui seront nécessaires pour rendre le bienfait universel. C'est à ces honorables travaux qu'il a voué sa vie, animé d'un zèle qui ne s'est jamais démenti.

Et le marbre et l'airain n'ont pas encore reproduit les traits de cet homme généreux ! Quelques portraits peut-être, quelques bustes çà et là, aperçus à peine, et qui ne disent rien aux générations qui se sont succédé depuis sa mort, voilà les faibles tributs que l'on a payés à sa mémoire. La flatterie a souvent dédié des monumens. Il y en a beaucoup pour la gloire militaire, quelques-uns pour les arts ; on en est avare pour la bienfaisance. Un enthousiaste de Grétry lui a consacré une statue du vivant de ce compositeur célèbre ; mais les arts subissent l'empire de la mode. Grétry est déjà détrôné ; les bienfaits de l'abbé de l'Epée n'ont rien à redouter des outrages du tems et du caprice des hommes. Ils seront éternels comme les maux de l'humanité. Les Hollandais ont élevé un monument à l'heureux compatriote qui leur a ouvert une source de richesse nationale, en trouvant le moyen (il faut bien le dire) d'encaquer des harengs. Quoique la solennité de la récompense contraste singulièrement avec la nature du service, je suis loin de blâmer la gratitude d'un peuple tout entier ; l'homme utile a droit aux hommages publics. Et qui, abstraction faite de toute comparaison avec les Hollandais, fut plus utile que saint Vincent de Paul et l'abbé de l'Epée! Une statue est déjà votée pour le premier; on pensera sans doute au second.

En France n'accordons plus rien
Au conquérant fameux dont la gloire nous tue;
Et n'élevons désormais de statue
Qu'à celui qui nous fit du bien.

Long-tems, suivant les us de l'Académie, l'immortel nouveau a dû joindre à l'éloge de son prédécesseur celui du cardinal fondateur. Pourquoi à chaque anniversaire de la mort de l'abbé de l'Epée, un jeune sourd-muet ne tracerait-il pas quelques regrets et des actions de grâces? On aimerait à lire les pensées neuves et profondes qui jaillissent du cerveau de ces infortunés. Leurs discours vaudraient bien sans doute les déclamations académiques. Le sujet les inspirerait heureusement; car c'est pour eux surtout que, selon l'ingénieuse définition d'un de leurs plus étonnans condisciples, *la reconnaissance est la mémoire du cœur.*

L'abbé Sicard a été, à bien des égards, le digne successeur de l'abbé de l'Epée. Il a trouvé les moyens de perfectionner la méthode, et, outre le célèbre Massieu, des élèves distingués sont sortis de son école. L'un d'eux, Laurent Clerc, est allé établir aux Etats-Unis une institution de sourds-muets. Bientôt il a rédigé et improvisé des discours en anglais devant les états assemblés, et a facilement obtenu des secours abondans pour son intéressante entreprise.

C'est encore un ecclésiastique (M. l'abbé Perrier) qui est directeur de l'établissement. Si ses illustres devanciers ne lui ont rien laissé à créer pour l'enseignement, ils lui ont légué leur active bonté et cette surveillance paternelle très-nécessaire avec ces demi-sauvages, si bien peints par M. Paulmier, le premier de leurs maîtres, dans une brochure intitulée *le Sourd-Muet civilisé* : « Autant, dit-il, ces enfans de » la nature sont doux, quand on les traite avec » douceur, autant ils sont indisciplinables quand » ils se croient victimes d'une injustice. » Les ecclésiastiques semblent plus naturellement placés que les laïques a la tête des institutions de charité. Indépendamment des vertus qu'ils puisent dans la religion, ils sont moins distraits que d'autres par les choses de la vie et les embarras domestiques. En renonçant aux douceurs de la paternité, ils n'en conservent pas moins d'intérêt pour les enfans, et répandent sur leur nombreuse famille adoptive toute la sollicitude qu'ils auraient concentrée sur quelques individus.

L'éducation religieuse est plus complète ; la morale doit être encore plus pure, le choix des divers agens plus scrupuleux ; le respect que les jeunes élèves portent naturellement au chef de la maison s'augmente encore par le caractère sacré dont il est revêtu, et leur commande une double soumission. C'est parmi ce petit peuple que la réunion des pouvoirs temporel et spirituel non-seulement est sans inconvénient, mais est une garantie de plus pour le développement des facultés, des sentimens honnêtes, et la réhabilitation de ces êtres que la nature avait condamnés à vivre dans les ténèbres.

Ne croyons pas cependant qu'ils soient malheureux. Notre pitié se hâte de juger leur position comparativement avec la nôtre, et maintenant que l'éducation leur a créé des rapports avec nous, leur nature se trouve complétée ; ils ne regrettent pas les facultés dont nous jouissons, et l'on est parvenu à s'apercevoir que quelques-uns d'entre eux nous plaignaient même de ne pas leur ressembler. Le sentiment douloureux d'une privation suppose ou une possession antérieure, ou du moins la connaissance parfaite des avantages attachés à une chose.

L'homme qui devient sourd accidentellement regrette la faculté qu'il a perdue ; dans ses relations avec ses semblables, chaque instant l'avertit de son malheur ; la communication de nos idées et des siennes éprouve une lenteur inaccoutumée, et les gestes auxquels on a recours avec lui affligent son ame, en perpétuant le souvenir de son infirmité; il lui reste encore la parole, résultat et débris du sens qu'il n'a plus, et qui renouvelle incessamment le sentiment de sa privation. Mais le sourd-muet de naissance n'a jamais connu les phénomènes de l'audition; les sons n'ont point existé pour lui; il ne saurait s'en faire une idée. * Il n'a pas besoin, pour comprendre, de ce sens qui lui a toujours été étranger. La nature l'a généreusement dédom-

* Massieu, à qui l'on demandait ce que c'était que la voix humaine, répondit : « C'est un mouvement labial dont on se sert pour exprimer ses pensées, ses sentimens. » On peut cependant remuer les lèvres sans produire de son. S'il imaginait que ce simple mouvement créât la parole, il ne pouvait donc se former une idée des sons. L'expression même d'oreilles vivantes et d'oreilles mortes, dont se sert le sourd-muet pour désigner ceux qui entendent et ceux qui n'entendent pas, n'est qu'une figure qui ne prouve point qu'il puisse se rendre compte du moindre bruit.

magé de ses rigueurs, en donnant à son coup d'œil une aptitude merveilleuse à deviner. Le moindre signe, un geste, un mouvement, l'expression même de la physionomie le met au fait aussi rapidement que chez nous la parole ; la vivacité de ses signes, la vérité de sa pantomime arrivent aisément à notre intelligence, et maintenant surtout qu'il a le langage perfectionné des gestes pour les sensations et les objets métaphysiques, la dactylologie ou discours des doigts pour les mots et l'écriture, il ne lui manque plus rien pour communiquer avec les hommes. La parole ne serait pas pour lui un moyen prompt et surtout expressif de transmettre ses idées. Il n'est muet que parce qu'il n'entend pas ; il a la faculté d'articuler, et ne le fait que monosyllabiquement et sans pouvoir modifier ses sons : c'est un instrument dont il ne saurait jouer. Cha-peau, dira-t-il avec monotonie; mais les efforts qu'il fera pour prononcer ces deux syllabes donneront à ses traits l'expression de la colère, ou tout au moins de la mauvaise humeur.

Le sens qui chez lui est le plus exercé est celui de la vue ; aussi les comparaisons avec les couleurs et la lumière reviennent-elles fréquemment dans les définitions qu'on lui demande et qu'on recueille avec avidité. Son langage est plein d'images. On voulait dernièrement savoir de l'un des élèves ce qu'il pensait de l'instruction sans éducation; c'est, répondit-il, un cadavre brillant de lumière.

En voyant ces infortunés rire et folâtrer dans les intervalles de leurs travaux, on calcule pour eux tous les biens de la vie qu'ils ne sont pas appelés à partager. Avec qui, se dit-on, contracteront-ils les doux liens du mariage? Le bonheur d'être père leur est-il donc refusé? On suppose alors, ce qui arrive en effet, qu'ils prennent quelquefois pour compagnes celles que la nature a condamnées à la même infirmité. Ils s'unissent au milieu de ce silence universel qui les entoure. C'est l'hymen du malheur. Mais leurs enfans! on est tenté de croire et l'on s'imagine assez généralement qu'ils naissent semblables à leurs parens, et l'on gémit pour eux d'un héritage funeste. Heureusement, c'est une erreur. Il n'y a point de race de sourds-muets; ce n'est pas une variété de l'espèce humaine; c'est un accident. On a observé d'ailleurs que ces infortunés, ceux de l'autre sexe surtout, supportent sans aucune peine le célibat. Ils sont peu *aimans*, selon l'acception ordinaire du mot, et, dans leur position, ce n'est peut-être pas un malheur, puisqu'ils ignorent ainsi les plus grandes peines de l'ame.

Plusieurs nations ont essayé d'imiter l'heureuse découverte dont la France a été le berceau. Dans presque toutes les capitales il y a une école établie à l'instar de celle de Paris. Nous en comptons presque trois. Celle de Bordeaux d'abord ; ensuite les essais que l'on a faits à Rouen, et qui font espérer que, avec le tems, cette entreprise méritera d'être comparée aux autres. L'institution de Paris contient cent soixante-douze élèves des deux sexes, séparés par un vaste jardin. Cent places sont gratuites. Il y a en outre une classe pour les externes, présidée par un *parlant*, tandis que, dans l'intérieur, les différentes sections ont pour répétiteurs des sourds-muets formés à l'école. Il serait sans doute à désirer que ce bel établissement pût prendre une extension plus en rapport avec le nombre de ceux qui naissent privés de l'ouïe ; c'est surtout pour les places gratuites que l'humanité forme ce vœu. L'enfant ne peut avoir moins de douze ans et plus de seize. Beaucoup de postulans sont inscrits; mais, tandis qu'ils attendent une vacance, le tems, qui n'attend jamais, ajoute des mois aux mois, des années aux années des infortunés, et souvent quand, d'après la date de leur inscription, leur tour est arrivé, ils ont dépassé l'âge prescrit par les règlemens.

Mais si l'humanité nous porte à désirer qu'un plus grand nombre de sourds-muets soient appelés au bienfait de l'éducation, ce désir est sans doute très-désintéressé, et la société n'a pour récompense de ses sacrifices que la gloire d'une difficulté vaincue et la conscience d'une bonne action. Jusqu'ici c'est pour eux et non pour elle qu'elle a réparé les torts de la nature. Les objets de sa bienfaisance ne lui ont point encore, par d'utiles et ingénieux travaux, payé la dette de la reconnaissance. Le public, frappé des définitions neuves, concises et énergiques données par les élèves les plus distingués sur les questions de la méthapysique la plus abstraite, s'attendait à voir éclore des ouvrages où le génie, prenant une route nouvelle, augmenterait nos richesses littéraires de trésors inconnus, et agrandirait le domaine de la pensée. Qu'ont-ils produit ces métaphysiciens, dont les réponses consignées dans les feuilles publiques excitaient un murmure d'admiration ! Qu'est devenu ce Massieu à réputation européenne ? serait-il retourné à la vigne paternelle, et le développement qu'ont reçu les idées qui dormaient dans son cerveau avant sa seconde création, n'aurait-il pour résultat que l'art de tailler l'arbre de Noë ou de donner une saveur nouvelle au nectar bordelais ? On sait que quelques sourds-muets ont été placés dans les administrations publiques ou chez des banquiers, et que c'est aux fonctions de copistes ou au talent d'une obscure rédaction qu'ont abouti les hautes connaissances intellectuelles dont on leur a fait présent.

Il vaut mieux faire envie que pitié, dit un vieil adage. Si je ne me trompe, ce proverbe a pour les sourds-muets une rigoureuse application. Je les crois très-susceptibles; la présence d'un étranger les inquiète, les importune. Plus ils sont civilisés, pour me servir de l'expression de M. Paulmier, plus les avantages dont jouissent les autres hommes réagissent sur eux, plus le sentiment de leur infériorité leur est pénible. Ce n'est que par ouï-dire que l'aveugle de naissance sait qu'il y a des gens qui voient et ne marchent pas à tâtons; il ignorera la compassion qu'il inspire si l'on ne fait pas avec lui usage de la parole; mais le sourd-muet, dont les yeux sont si pénétrans, voit les hommes s'entendre sans le secours des gestes; il épie le mouvement de leurs lèvres; il lit dans leurs mouvemens, dans leurs regards, sur leur physionomie, l'impression que fait naître sa présence; il voit la pitié et s'irrite de sa disgrâce à l'aspect de leurs priviléges; et dans les exercices publics on expose cet infortuné à la curiosité de la foule qui se rend à l'institution comme on court à un spectacle mimique. C'est lui qui fait seul les frais du spectacle; c'est son infirmité qui amène là tant d'oisifs. On l'assimile à ce cheval savant qui, d'après l'ordre de son maître, frappe sur le pavé de nos places publiques autant de fois que le cadran marque d'heures. On l'assujettit à tracer des réponses aux questions les plus frivoles et souvent les plus ridicules. Un étranger, dans le tems où les nations voisines supportaient le joug des Français, croyant sans doute que les sourds-muets avaient le droit de prophétie, ou les supposant initiés aux mystères de la politique, leur fit demander sérieusement si son pays resterait à la France. Je cherche en vain dans l'intérêt de ces jeunes élèves quel est le but de ces représentations solennelles, et je doute fort que quelques applaudissemens, dont ils voient la pantomime, les dédommagent de l'indiscrète curiosité dont ils sont les objets. J'espère que l'on ne comparera pas ces exercices aux distributions de prix de nos colléges ; ici tout est profit pour l'écolier couronné ; tous ses sens participent à la joie de son triomphe, et aucun sentiment pénible ne vient y mêler son amertume ; aucun regret ne gâte les félicitations qu'on adresse aux parens des vainqueurs ; chaque père de famille souhaite à ses fils une aussi glorieuse destinée. Il serait donc permis d'attribuer ce spectacle à la vanité du maître, à l'envie de recueillir des éloges, et au besoin de faire de l'effet, auquel, tout savant et même philantrope que l'on soit, on obéit volontiers dans le meilleur des mondes.

FIN DU SECOND VOLUME.

# TABLE.

|  | Pages. |
|---|---|
| N° xxv. L'ARRIVÉE du Cousin. | 1 |
| xxvi. Réjouissances publiques. | 13 |
| xxvii. Le Palais-Royal. | 25 |
| xxviii. La Bourse, le Tribunal de Commerce. | 35 |
| xxix. Le Palais-de-Justice. | 48 |
| xxx. Le Jour de l'An. | 60 |
| xxxi. L'Hôtel des Invalides. | 74 |
| xxxii. Les Artistes. | 85 |
| xxxiii. Ma Journée. | 99 |
| xxxiv. Mémoire d'un Cocher de fiacre. | 112 |
| xxxv. Les Théâtres. | 127 |
| xxxvi. La Vie de Garçon. | 142 |
| xxxvii. La Place vacante à l'Académie. | 157 |
| xxxviii. Un Dimanche. | 171 |
| xxxix. Le Marché aux Fleurs. | 185 |
| xl. Les Noces. | 199 |
| xli. Bicêtre. | 213 |
| xlii. Les Messageries royales. | 228 |

| | | Pages. |
|---|---|---|
| XLIII. | Les Médecins. . . . . . . . . . . | 242 |
| XLIV. | Les jeunes Aveugles. . . . . . . . | 257 |
| XLV. | La Journée d'un Flaneur. . . . . . | 274 |
| XLVI. | L'Observatoire royal. . . . . . . . | 292 |
| XLVII. | Le Jardin du Luxembourg. . . . . | 308 |
| XLVIII. | Les Commissaires de Police. . . . . | 323 |
| XLIX. | Les Sourds-Muets. . . . . . . . | 340 |

FIN DE LA TABLE DU SECOND ET DERNIER VOLUME.

www.ingramcontent.com/pod-product-compliance
Lightning Source LLC
Chambersburg PA
CBHW070439170426
43201CB00010B/1156